我不做英雄

陳晞——著

I'M NOT A HERO

A Taiwanese Fight for Ukraine

U0009872

這不是在寫小說，我也不是小說家，一切故事皆為真人真事所發生。

這是一個普通的士兵，以第一人稱所書寫的戰場紀實，

用於銘記那些不屈於強權，為了理想和信念而獻身的一群人的故事。

獻給那些不論是已逝去的、活著的、甚至仍在前線奮戰的英雄們。

書中所引用照片皆為作者及其戰友所拍。

作者的部分收益將按比例分別捐給他曾經參與過的烏克蘭國際志願兵團、烏克蘭部隊以及民間援助烏克蘭的非政府組織。

9 月 10 日，基輔街頭一隅，街道上依舊車水馬龍熙來攘往，完全看不出是被戰爭壟罩中的國家。

9 月 25 日，在哈爾科夫地下總部剛簽完約，拿到的武器、制服與自行攜帶的隨身行李。

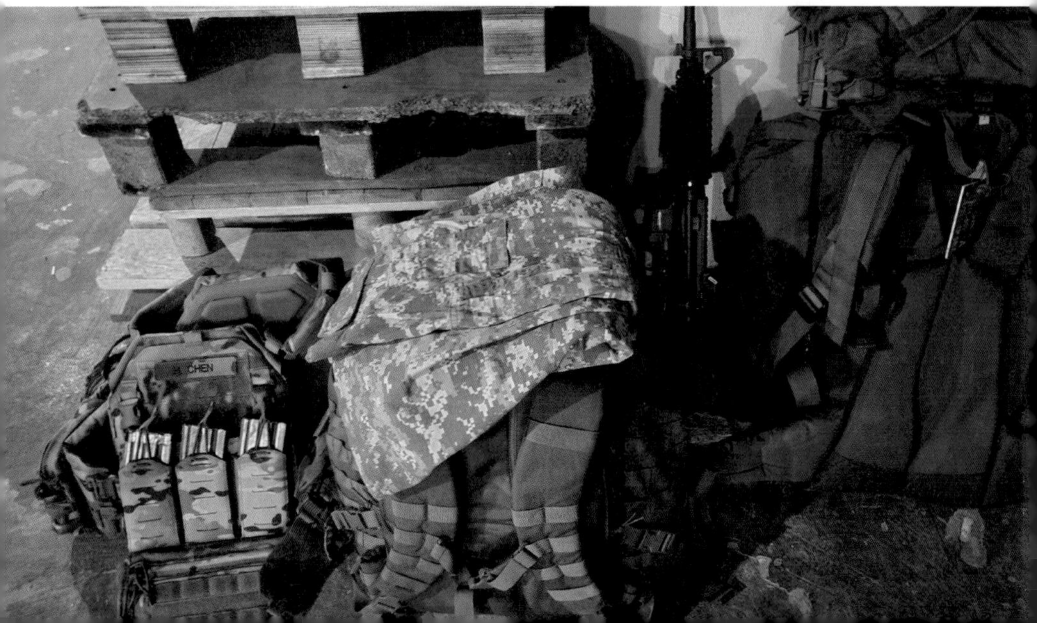

9 月 27 日
彼得羅巴甫利夫卡戰役中俘虜的俄軍士兵，正通過往庫皮楊斯克的大橋上，右側可見俄國的國旗色。

該橋佔領後沒幾天才剛漆上烏克蘭國旗色就被俄軍炸毀，只能從旁邊臨時搭建的工兵橋通過。

9 月 27 日
彼得羅巴甫利夫卡戰役中一輛被擊毀的俄軍裝甲車輛，戰友正在試著搜刮上面遺留的彈藥。

凱與其中一輛俄軍棄置的裝甲車拍照留念。

9 月 28 日，彼得羅巴甫利夫卡戰役中俄軍固守的房屋，也是羅利不幸犧牲的地方，最後被呼叫來的坦克轟開才奪下這棟房屋。

9 月 30 日，彼得羅巴甫利夫卡村，在一日的掃蕩任務結束後，小隊要趕在太陽下山前乘車離開村莊。由於車輛不足，一輛車常常要超載硬塞上不少人。（下）作者與隊友打開後車門被迫坐在後車廂裡。

10 月 3 日，庫皮楊斯克的醫院，作者與戰友眼睛不適時待過的病房，在離開沒多久後就遭到俄軍的空襲，雖然運氣很好地躲過這次的攻擊，卻有一名醫生在空襲中不幸喪生。

10 月 9 日，克羅赫馬利涅村陣地外，一輛被擊毀的俄軍坦克被拋棄在森林旁，隊友試圖將坦克上完好的機槍拆解下來再利用。（下）與麥斯一同在被擊毀的俄軍坦克合影留念，我們從俄軍陣地上拾獲不少遺留的彈藥。

10 月 12 日，克羅赫馬利涅村外的一處陣地，作者向著敵情方向警戒。

10 月 17 日，從後方運送上來的捐獻物資，裡面常常夾有小朋友畫給我們的鼓勵圖畫，我們都會把這些畫貼到安全屋的牆上。

10 月 17 日，在安全屋中與戰友們一起飼養的黑貓。

10 月 24 日
在前往戰區的路上等待烏軍前來接送的裝甲車輛。

在一次等待的期間與凱（前）合影留念。

10 月 24 日
搭乘烏軍的 BTR-4 裝甲車前往戰場。

搭乘的車輛接近戰區後，必須徒步行軍數公里才能抵達前線。

10月26日，一輛被擊毀的俄軍MT-LB（多用途輕型裝甲牽引車）被遺棄在路旁。

10 月 27 日，凱與陣亡的俄軍坦克車組員屍體合影。

10 月 29 日，將戰友的遺體利用裝甲車從戰場上拉下來，放入黑色的屍袋後再交由半路接應的醫療後送小組。

10 月 31 日，任務出發前作者的身影，全身上下武器裝備加起來將近六十多公斤。

10 月 31 日
戰場上由作者挖出來的單人散兵坑，與隊友挖出來的數個散兵坑連成一道簡易防線面對俄軍可能襲來的方向，圖中左起是 AT-4 反戰車火箭筒、加裝榴彈發射器的步槍，以及作者的背包。

凱與戰友的兩人機槍組挖成的散兵坑，分別向著不同的方向警戒。

11 月 2 日，醫療兵卡利（背對鏡頭）與雙臂中彈受傷的烏軍士兵，躲在彈坑中等待後續隊友的接應。

11 月 1 日
在機槍陣地上的凱正吃著早餐，之後便遭遇俄軍的偵察小隊。

在陣地上與俄軍展開激烈的交火後，趕緊趁空檔為機槍串彈鏈補充彈藥。

11 月 12 日，諾沃塞利夫斯克村的殺手狗，雖然房屋殘破，主人一家也早已逃離避難，縱使受砲擊的影響，掉下來的壁畫差點砸到牠，狗兒也依然固守著沙發。

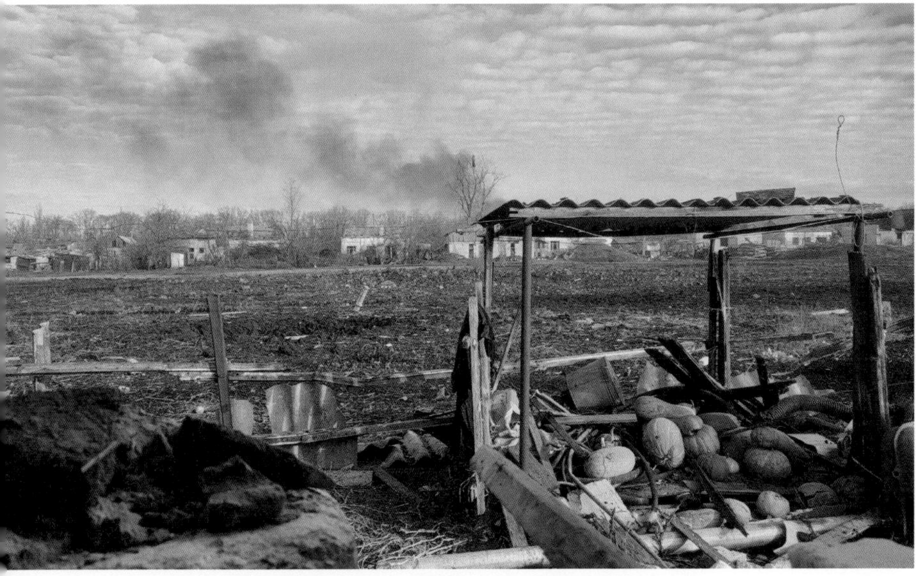

11 月 14 日，從建立的監視據點往外看，對面距離一百公尺左右的房屋就是疑似俄軍潛伏的據點，可以看到中間的田地遍佈俄軍對我們新炸出來的彈坑，正中央還可以見到插著一枚集束炸彈的彈體。

11 月 14 日
在監視據點中，作者與隊友輪流換哨，透過狙擊槍監視三百公尺外的俄軍據點。

在諾沃塞利夫斯克村，倒塌的廢墟房屋中建立的臨時監視據點。

11 月 26 日
放長假期間前往基輔，在聖米迦勒金頂修道院前可見被擊毀擄獲的俄軍裝甲車輛在展示。

與麥斯一同前往獨自轉院到蘇梅醫院的凱，住院的他整個人都瘦了一大圈。

出席二排戰友的葬禮，分別為兩名波蘭人與一名美國人，葬禮遵從當地東正教儀式。

12 月 20 日，新隊伍重新整編訓練中，其中一項是長達 48 小時的戰傷急救訓練，由兵團的醫療後送小組為我們上課講解，小組成員絕大部分都是由女性組成，其中除了外國的志願者外還包含許多烏克蘭女性。

12 月 20 日，在訓練的空檔與戰友合影留念，站立左起作者、麥斯、羅密歐與安納托利（前排跪者），是小隊遭受重大打擊後幸運留存下來的戰友。

2 月 10 日
庫澤米夫卡村，利用民房建立的防禦碉堡，後來遭俄軍火砲摧毀，造成三排的戰友一死兩重傷。

防禦碉堡旁的地窖，充當人員的休息處和避難所，但裡面空間狹隘不到一坪大小，卻塞了四、五名戰友。由於空間不足，大家都只能頂著隆隆的砲火坐著睡覺。

2 月 10 日，在大雪中乘坐烏軍裝甲車平安回歸前線村莊，村裡飼養的狗兒已經提前跑出來迎接。

3 月 6 日
清晨在大霧壟罩的諾沃塞利夫斯克村的廢墟中，正等待烏軍後送的車輛前來支援運送傷兵脫離戰場，圖中是坐著休息的安納托利。

在等待烏軍車輛前來接送期間，戰友持 M14 步槍警戒著後方。

烏軍派出一輛坦克前來接送傷兵和我們小隊脫離戰場，由於坦克沒有搭載額外乘員的空間，包含我們和傷兵都只能安置在車頂上。

3 月 26 日
庫澤米夫卡村，原本的防禦碉堡被俄軍炸毀後，重新在工廠區其中一個建築建立的防禦據點。

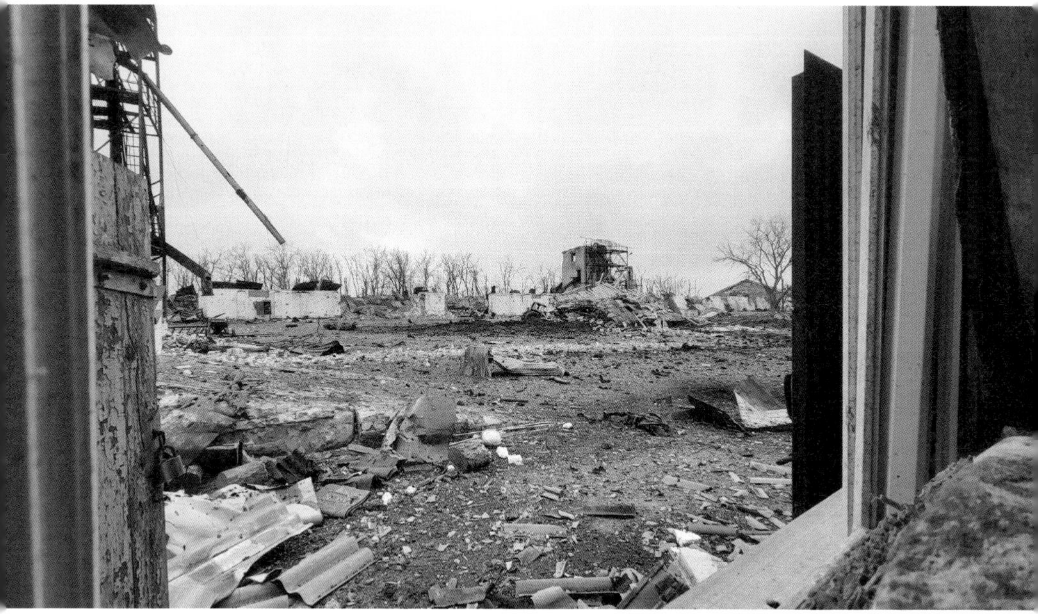

從防禦據點中看出去，經過俄軍輪番的砲擊，外面已是一片狼藉，還留有重砲轟炸後留下的巨大彈坑。

5 月 16 日，遠離戰火、熱鬧的利沃夫街頭，一個國家兩個景象，跟東部前線相比完全是不同的世界，街上甚至還有許多觀光客。

目錄

第二章　庫皮楊斯克區攻略戰

第三章　東進的征途

第四章　泥濘中的激戰

第五章　徒勞無功

第八章　戰場外的戰爭

陳晞烏克蘭作戰足跡

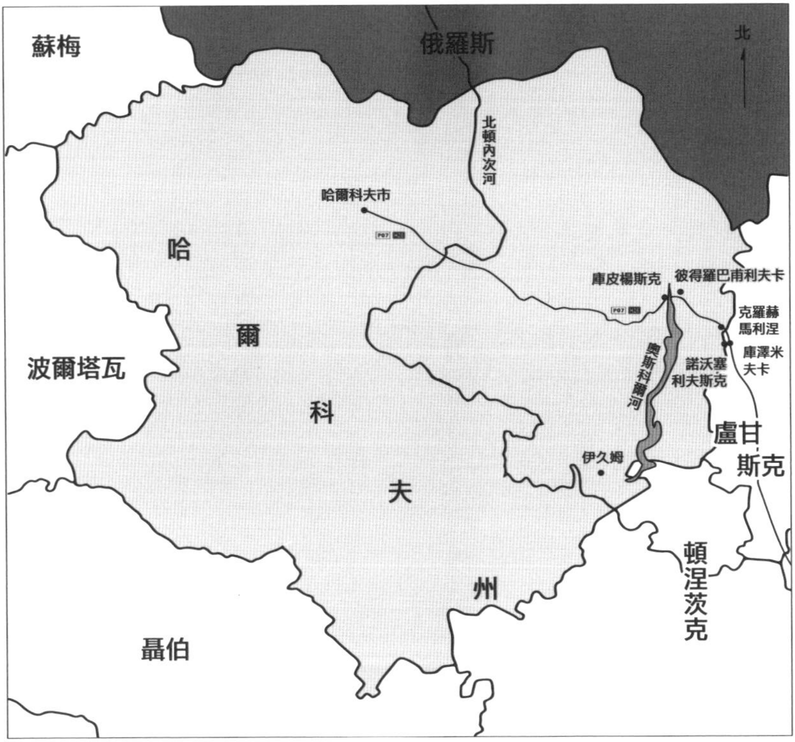
蘇梅
俄羅斯
北
北頓內次河
哈爾科夫市
P07
庫皮楊斯克
彼得羅巴甫利夫卡
克羅赫馬利涅
庫澤米夫卡
奧斯科爾河
諾沃塞利夫斯克
哈爾科夫州
波爾塔瓦
伊久姆
盧甘斯克
頓涅茨克
聶伯

序言

本書能夠出版，除了要感謝我的編輯區肇威先生對我的邀稿，也在我寫作期間提供我很多相關參考書籍。同時還要特別銘謝我的中文系同窗跟身邊的友人，對於我的文章上提供很多有用的建議和修改，集結眾人的力量才能夠順利完成此書，讓我這本烏克蘭的見聞錄能夠以不同的傳播載體讓更多人看到。

期望透過此書讓更多人能夠了解現代戰爭下的真實樣貌，同時也為我的人生經歷做一個註解。雖然因自身文筆的限制，但我仍舊努力用最清晰的文字還原當時的情況，將我在烏克蘭期間，利用空餘的瑣碎時間寫下的零散日記重新編撰而成，忠實地記錄我在戰爭中的一切所見所聞。

這不是在寫小說，我也不是小說家，一切故事皆為真人真事。這是一個普通的士兵，以第一人稱所書寫的戰場紀實，用於銘記於那些不屈於強權，為了理想和信念而獻身的一群人的故事，記述著那群默默無名的勇者。

這裡不得不引述戰爭影集《諾曼第大空降》（*Band of Brothers*）中我最喜歡的一段話：

「我不是英雄，但我曾經與英雄們一同並肩作戰。（No, but I served in a company of heroes.）」

——溫特斯少校（Richard Winters）

作者的部分收益將按比例分別捐給烏克蘭國際志願軍、烏克蘭部隊以及民間援助烏克蘭的非政府組織。

2024年春，台北

第零章　起因

二〇二二年二月二十四日，俄烏戰爭全面爆發，俄羅斯開始全面入侵烏克蘭。

不久，二月二十七日，在烏克蘭總統弗拉基米爾・澤倫斯基（Volodymyr Zelenskyy）的倡議下成立烏克蘭領土防衛國際兵團（International Legion of Territorial Defence of Ukraine），該兵團創立的目的是招募外國志願者作為烏克蘭武裝部隊的一部分，以支援抵禦俄羅斯對烏克蘭的入侵。

消息一出，來自世界各國及地區的志願者紛紛響應加入。

五月，因為跟上級的續約協商破局後，我結束了五年的合約生涯，正式從法國外籍兵團退伍，望著馬賽湛藍的天空我有些失落和惆悵。

「不如乾脆加入烏克蘭國際兵團吧！」這個念頭在我腦中浮現出來，而就是這一念之間，將給我未來的人生帶來巨大的衝擊和影響……。

我與曾經一同在外籍兵團服役的朋友說出這個想法後，他便向我引薦一名台灣人——凱（Cai），他是二〇二二年三月初響應號召而加入烏克蘭國際兵團的第一批志願者，但是因種種原因而在五月多的時候退出國際兵團。

在跟凱了解到當地現況之後，得知國際兵團在草創之初湧入大量志願者，並在戰事的影響下內部狀況一片混亂，因局勢紛亂造成成員龍蛇混雜、良莠不齊，紊亂的後勤組織與規劃，再加上烏克蘭軍方的不信任，讓國際兵團一直都沒有什麼具體的任務和行動。長時間的待命和無關緊要的任務，讓凱與一票身懷技能且急於上戰場幫助烏克蘭的職業退伍軍人，失望的離開兵團。

這一場與凱的會談打消了我投入這場戰爭的初念，但此時命運的齒輪卻也已經悄悄地轉動……。

第一章

意外之旅

二〇二二年八月，本還在法國悠閒地享受退伍後無所事事的日子，突然一則來自凱的訊息打破了我平靜的生活。

「想不想要去烏克蘭？」

「你在說什麼？你不是才剛退出的嗎？」

原來是凱以前所屬的國際兵團原單位詢問他要不要重返烏克蘭。單位目前正在跟烏克蘭軍隊一同訓練，近期之內可能將會有一個重大的任務和行動需要人手支援，凱因此邀請我一同前往。

透過一番討論，同時徵求凱的上級同意之後，我們便決定動身前往烏克蘭。

當時並沒有想太多，因為根據凱過往的經驗，在那邊可能又是無聊的待命和訓練生活，所以一開始沒有太多的期望，而是抱持著到烏克蘭體會「戰場」的心情，體驗一下所謂的戰地風光。

擔心又會是長時間毫無作為，我們給自己設定一到兩個月的期限，不然最多就是待到年底，給兵團、隊友和長官一個交代，也算是仁至義盡。為此我還帶了書本跟簡易的健身器材，準備用來打發可能會有的無聊時間。

沒有留給我們太多的時間做準備，上級希望我們越早抵達越好，因此在還沒完全準備充足的情況下，我們就買好機票、拎起行囊，匆匆踏上未知的旅程。

這次的出發沒有讓太多人知道，除了少數幾個在法國外籍兵團的戰友之外，甚至連在台灣的家人朋友都不知情。

我們邁向一個完全陌生的國度：截然不同的文化和語言、完全無法預測的未來、一個正在「戰爭」中的國家。

這是一趟孤獨且低調的旅程。

幸運的是，有凱一同前往，由於他早前加入的經驗，熟悉整個路線和流程，替我們省下不少研究的功夫，無疑是給我吃下一顆定心丸。

9月9日　一波三折的啟程

由於來自烏克蘭的催促，不出兩週，在瞞著家人的情況下，九月初我們已經拿著機票坐在登機門前等待。正當我在心中描繪著烏克蘭現在可能的樣貌，一邊等待登機之時，一個突如其來的聲音把我的心神拉回現實：

「你是逃兵嗎？」

一個頂著陌生面孔的白人指了指我身旁的行李袋。

先是愣了一下，才意會到他看我帶著大包小包的行李，其中還有法軍公發的行李袋，把我誤會成了一個準備逃離法國外籍兵團的逃兵。

我向他表明了退伍軍人的身分，還有這趟旅程目的地是烏克蘭，陌生人頓時嚴肅了起來，問道：

「到烏克蘭？你們要到哪個城市？」

「到哈爾科夫（Kharkiv）。」

「那裡是我的家鄉，你們這個時候要到那邊想做什麼？」

在跟他一番解釋之後，了解到我們此行的目的是為了加入烏克蘭國際兵團。聽到這樣的回覆，那名陌生男子終於放下戒心，並展露出了笑容。

在彼此互相介紹之後，原來眼前這名男子佛拉德是名烏克蘭人。他以前也是法國外籍兵團的一員，在服役第四年的時候，因為恰逢俄烏戰爭的爆發，於是便脫離外籍兵團回烏克蘭並自願參軍，投入保家衛國的行列中。

此次恰巧碰上他回法國辦點事情，目前正要返回烏克蘭戰場，於是便有了這一次的相遇。

正因為有相同的過去和相同的目的，很快我們便熟絡起來，一路聊到登機直至抵達波蘭華沙機場。熱心的佛拉德表示，我們倆只要放心跟著他走，完全不用擔心交通的問題，他會負責替我們引路到底。

下了飛機，順利通過波蘭機場的海關，搭上計程車。知道我們即將志願前往烏克蘭參戰，計程車司機不停直誇讚地把我們送到了巴士轉運站。

經驗老道的佛拉德幫我們購買從波蘭直達烏克蘭首都基輔，預計耗時約十七個小時的長途巴士車票，之後再轉乘火車，大大節省了不少時間，讓我們能夠在最短的時間內抵達目的地哈爾科夫，完成四十八小時內橫跨整個歐洲到達烏東最前沿的城市。

在海、空運被封鎖的情況下，烏克蘭大部分對外貿易和物資運輸只能全靠陸路，在靠近波蘭—烏克蘭邊境的公路上，從車窗望出，可以看著綿延數十公里的卡車長龍。本以為在當地人的帶領之下，這趟路程可能會超乎預期的順利，正當這樣想的時候，意外就降臨了。

在波蘭邊關審查護照的時候，凱因為在歐盟區內滯留超過簽證的時間而被海關扣留。按理說，凱本來應該被遣返離開歐洲，在一番交涉之後，海關理解到我們是為了前往烏克蘭加入國際兵團，所以也不為難我們，決定為凱特別放行，但他必須留在波蘭海關這邊完成一些必要的手續和文件之後才能離開，至少要待上三十分鐘至一個小時左右。

巴士不可能只為了等一個人而耽誤時間，更何況還有一整車的人都在等，而有法國身份能輕鬆通關的我也不被允許逗留在波蘭邊境。無奈之餘，我只能在佛拉德的建議下跟他先入境烏克蘭，然後在烏克蘭邊境等凱過來再一起找其他交通工具。

於是乎我就先行一步抵達烏克蘭邊關，但這次卻輪到我被卡住。

本來加入烏克蘭國際兵團的流程應該是先在網路上或是去烏克蘭外交部報名，在取得官方的邀請函方能入境烏克蘭，可我們並沒有邀請函這種東西，靠著是凱之前烏克蘭給的服役證明跟感謝狀，以及邀請凱回去的長官和幾支他上級的電話號碼，說只要邊關遇到問題，就讓邊防官打電話確認就能放行。

海關非要看凱手上的文件否則不放行，而我根本拿不出來。在透過佛拉德的翻譯下，面見邊防長官並說明事情原委後，最後長官裁示我必須得暫時留在烏克蘭邊關，等到凱過來出示文件並審核過後才行。

沒辦法，我只能留下來等，而急著回去報到的佛拉德也沒多餘的時間留下來陪我，所以我們只能在這邊分道揚鑣。臨別前，我們互相交換聯絡方式，約好等抵達哈爾科夫後有機會再見上一面一起喝一杯。

我默默地從車上把行李都搬下來，望著逐漸遠離的巴士駛進烏克蘭的黑夜中，只剩一股無助感油然升起。

隨後，我的行李都被扣留並且被衛兵帶往一間會議室等著。隨著時間一分一秒過去，一個小時、兩個小時、三個小時，依然不見凱的到來，傳訊息也不見回覆，此刻我開始陷入不安之中。

該不會波蘭海關那邊又有什麼變卦吧！莫非凱最終還是被驅逐出境？！沒有他的文件我根本不可能入境烏克蘭，難道我們的烏克蘭之旅還沒開始就要結束？想著要是就這樣回去也未免太窘了，於是我決定返回波蘭邊關看看究竟是怎麼一回事。

在透過翻譯軟體的幫助下跟不會英文的衛兵表示我的決定後，衛兵說他必須得請示上級。而在等待請示的過程中，凱總算回覆訊息，說波蘭海關終於放行，正在準備過來我這邊的路上，剛好衛兵正扛著我的沉重行李過來，聽到我又不需要回去，低罵一聲髒話又扛走我的行李，只能不住跟衛兵說不好意思。

沒多久，就看著衛兵也把凱帶來會議室。在詢問凱的狀況後，原來是波蘭海關認定凱必須離開歐盟境內超過一八〇天，才能再重新入境歐盟，相當於他被迫要在烏克蘭至少待上六個月才行，聽完之後我倆面面相覷，六個月待在烏克蘭聽起很漫長，也不知道我們能不能夠待上這麼久。

不過前途本來就一直都很多舛，也只能先不要想那麼多，走一步算一步吧！也沒人知道未來會發生什麼事，畢竟眼前連能否入境烏克蘭都還是一個問題。

在遞交文件給烏克蘭海關後，他們只回說需要時間審核，要我們稍安勿躁，具體究竟要等多久也沒說，一整夜無聊又疲憊的枯坐在會議室裡無止境的等待著。

——

坐在椅子上打盹的時候，衛兵陸陸續續帶好幾位需要等待審核的人進來。

就在朦朦朧朧之中，不知不覺迎來了早晨，終於有一位長官過來把我們所有人叫出去，將護照歸還給能夠放行的人。在一個個唱名之後，總算聽到我們的名字，此刻懸在心中已久的大石頭才放了下來。

我們被海關安排的巴士送離邊關。關關難過關關過，雖然過程忐忑不安，但還是通過此行最大的兩個障礙，只期望往後的旅途都能夠順利無阻，然而巴士只是把我們丟在最近的一個巴士站牌就離開了。

在一個完全陌生的地方，原本擬定好的各種行程規劃全部被打亂，一時之間進退維谷。正當我們還在茫然無措地討論著路線時，跟我們一起入境的烏克蘭人向我們搭上話。他們是一對會說英文的大學生情侶，正準備前往基輔，得知我們是要參加國際志願兵團便熱心地邀請一道出發。

一開始有佛拉德的幫助，現在又有這對情侶的幫忙，看來我們這一路的運氣還算不錯，又免去一次煩惱交通的問題，坐上計程車準備前往最近的城鎮搭乘火車。

總算正式踏入烏克蘭領土了！

9月10日 大反攻

一進入烏克蘭，天空頓時陰鬱起來，沿路都有荷槍實彈的武裝士兵鎮守著檢查哨跟關卡，一旁的樹林裡依稀還可以看到幾輛裝甲車或是坦克，能夠感覺到一股處於戰爭中國家才會有的緊張氣氛。

經過數十個小時的轉乘交通，終於在晚上抵達基輔，由衷感謝那對烏克蘭情侶！在彼此互道祝福之後便各自分道揚鑣。此時基輔的夜空正下著雨，同時也接近宵禁的時間，飢腸轆轆的我們只能在路邊攤隨便買點食物當作晚餐。

在歷經兩天的波折跟長途的交通，順利抵達下榻的旅館，但也早已疲憊不堪，趕緊換下濕衣服躺在床上，啃起手中的晚餐配著電視享受起來。

突然新聞畫面上一個驚人的消息出現在我們眼前。

從開戰之初，幾乎一直處於被動防守的烏軍對哈爾科夫地區發起閃電般的突擊攻勢，一鼓作氣推進了五十公里，收復大量的失土，並且已經兵臨哈爾科夫區大城——庫皮楊斯克（Kupiansk）以及伊久姆（Izium）。

俄軍的大潰敗以及烏軍的捷報令人感到驚愕不已，但是更使我們震驚的是，當初凱的長官口中所說的大行動，或許正是這一次突如其來的大反攻！

本來對國際兵團所謂的「前線」行動，沒有抱持著太大期望的我們，此刻深深感覺到未來的發展將會越來越不可測，或許等著我們的將會是驚濤駭浪般的歷程也說不定。

9月13日　空襲哈爾科夫

在和平的基輔待上兩天，做最後的休整和採買一些需要的物品裝備後，我們便搭乘火車前往國際兵團總部所在的城市哈爾科夫。

有別於熱鬧繁華、不似有戰事般的首都基輔，位於戰線前沿的哈爾科夫才真的讓人覺得戰爭的陰霾正壟罩著這個國家。整個城市冷冷清清，偌大的馬路上幾乎看不到行人和車輛，安靜得彷彿是一座鬼城，有的只是那些被戰火波及而崩壞倒塌的建築。

在路上唯一能夠看到的行人，清一色都是穿著軍服的軍人，不然就是頂著異國面孔的外國記者，鮮少能看到當地居民。

至旅館安置好行李，聯絡上總部的人事官後，約好時間準備後天去報到，當晚則因為旅途的勞累加上夜間宵禁也不能做什麼，便早早上床睡去。

半夜，一陣刺耳的防空警報聲轟然響起，當然還在睡夢中昏昏沉沉的我，依然毫不在乎的繼續躺在床上，連翻身的動作都懶得翻，畢竟這樣的防空警報在基輔逗留的幾天早就已經聽膩了，基本上每天不分白天黑夜都會響個好幾遍。

俄羅斯三不五時就會對烏克蘭發動區域性的大規模空襲，防空警報只是針對可能被轟炸的地區做出一個預警而已，烏克蘭人早已司空見慣。縱然警報聲響起，大部分人還是做著自己當前做的事，很少會因為每次警報一響就躲進防空避難所。

或許跟俄羅斯的空襲相比，戰爭所帶來的經濟生活壓力才是更為急迫的吧。

但這一次的狀況不同以往，猛然傳來數聲巨大的爆炸聲響，震得窗戶玻璃嘎嘎作響，有種快被震碎的感覺。我被驚動得趕緊翻身下床，透過窗戶還能隱隱約約看到遠處有火光竄起。

當時腦中唯一念頭就是：我又離戰場更進一步了！

隔天起床，吃著早餐滑手機看當地新聞，發現昨晚被空襲的地點離我們住宿的地方大約只有三公里左右，看似還有一段距離，但也算是人生第一次被轟炸的經驗、初次的戰火洗禮。

側寫（一）烏克蘭戰火下的都市

從波蘭首都華沙出發跨過邊境之後，就一路去到烏東的最前線。中間途經烏克蘭西部城市利沃夫（Lviv）、首都基輔，再到東部城市哈爾科夫。

中間經過巴士再到鐵路跟計程車的轉乘，也要經過將近三天的時間才能走完這段總計一千多公里的路程，沿途見識了三個不同的城市風光。

利沃夫，由於遠離戰場，又是通往東歐的大城市，彷彿與戰爭沒有任何關係，路上行人熙熙攘攘，湧進許多不同國家的面孔，其中大部份都是歐美前來的志願者、記者甚至是志願軍，都以此城市為基地，整裝待發之後向著不同的目標前進。

基輔，雖然國家處於戰爭之中，作為第一大城市依舊展現出一個首都該有的熱鬧和喧囂。與利沃夫不同的是，越靠近東部防空警報的頻率越是頻繁。但以上這一切終究還是抵擋不了人們意欲維持社會運作的步伐，直到晚上的宵禁時間到來之際，整座城市才會陷入一片死寂，能夠在街上走動的只剩警察跟軍人。

哈爾科夫，二〇二二年九月初抵達的時候，該市仍舊是位於戰場最前沿的都市之一，離最近的前線戰區只有三十公里的距離，到處皆是遭到空襲過後的斷垣殘壁，隨時都會有防空警報響起，還會不時聽到遠方傳來的爆炸聲。

街頭冷冷清清，幾乎沒有行人在街上閒晃，有的是滿滿大街的軍人。重要的交通要道都佈有關卡跟防禦設施，充滿肅殺氣氛，像我這種頂著亞裔面孔的路人很容易就會受到軍警的盤查。

9月15日 廢墟中的總部

我們扛著行李，前往隱藏在哈爾科夫都市建築中的國際兵團總部報到。總部隱身在一座有五層樓高的工廠地下室之中，若非有熟門熟路的凱知道入口位置，一般人還真不容易找到這個地方，乍一看還真不會想到這裡面竟藏有一個軍事基地。

一進到廠區，放眼望去到處都是斷垣殘壁，滿地的碎石破磚。雖說地點藏得隱密，卻早就被俄軍給發現和鎖定，不知道已遭到幾回的猛烈空襲，好在無法有效對地下室造成傷害，同時上層建築的主體依舊保持完整。

廠區較為完好的地方，依舊有不少工人正熱火朝天地工作著，旁邊的挖土機正在努力清除石塊殘骸。小心翼翼繞過碎石群，來到廠區一個不起眼小角落的入口，這就是傳說中的國際兵團的大門，唯一最顯眼的大概就是那些進進出出的外國面孔，還有部分全副武裝的軍人，顯示這裡就是個軍事用地。

進入到地下室，通過厚重的防爆門後，映入眼簾的是毫髮無損的地下總部，裡面擠滿形形色色各種不同服飾跟國籍的人，有忙進忙出的烏軍士兵、等待著簽約或分發部隊的平民、搬物資或領彈藥的志願軍等等。

我們穿過人群，從中找到與我們聯絡的人事官，看來也是凱的老相識。在一陣寒暄跟介紹之後，遞交了需要的文書資料。本以為當天就會很順利簽完合約，可人事官表示我們來得不太是時候，最近新人太多，他必須先把前一批資料處理完才能輪到我們。同時，上級審核資料也需要一段時間，讓我們今天先離開等待後續通知，最終只能扛著行李返回旅館待命。

9月23日 短暫的離別

離開總部後，是不知盡頭的等待，我們每天只能無所事事地待在旅館，期間哈爾科夫又遭到幾次空襲。這次我們換了一家開在地下的旅館，著實讓人安心了不少。

而這一等，竟等上了整整一個星期才收到人事官的通知，讓我們可以前去簽合約。到現場，因為凱以前有加入過兵團，所以在資料的審閱上比較快速，他立即就能簽約。我的話上級需要再多花時間仔細研究資料，才能決定是否讓我簽約。

顯然凱的舊長官們不太可靠，當初明明表示我們的加入絕對沒有問題，讓我們儘量早點過來報到，一切的問題他們會處理，但這趟過程到現在卻總是波折不斷。

凱簽完合約後，就有前方來的志願軍士兵負責接送凱前往前線基地，由於我還沒簽約，以平民的身份無法一同前往，只能與凱再度暫時道別，彼此約好注意安全、保持聯絡。

就這樣目送接送的車輛逐漸遠去，直到消失在視線中，然後拎起行李獨自一人返回旅館。很快，我便與凱完全失去了聯繫。

9月25日　簽約、命運開始之日

在與凱失去聯繫之前，他告訴我在當天抵達前方的安全屋據點後，隔天沒多久就有人來接凱與他的隊友們離開，向其他地方轉移，連要前往的地方也都是處於保密狀態。我們最後的聯繫就斷在這邊，之後我便再也連絡不上凱。

只能推測他們可能要去更靠近前線的地方，所以失去訊號，亦或著是任務保密需求，手機處於關機、飛航模式的狀態。

我雖然感到擔心，卻什麼都做不了，只能一個人在旅館乾著急。好在總部並沒有讓我等太久，距與我和凱分別的兩天後，總算收到總部的通知，上級的審核已經通過，我可以前去簽約了！

整個簽約流程相當簡易。回到總部，在人事官的指引下，閱讀完英文、烏克蘭文一份兩式的合約、薪資待遇以及幾份安全和重要注意事項的文件後，填上一些個人資料並簽名，便正式加入烏克蘭國際兵團，成為其中的一員，編屬於第一步兵營。

完成人事的部份後，後續便交由後勤官接手負責。屬於烏克蘭軍方的烏籍後勤官，一上來不囉嗦，直接問我：「你要用什麼武器？」

「你們有什麼武器能提供？」我反問道。

後勤官：「步槍、機關槍、狙擊槍你要哪一種？」

思考片刻，還是先要一把最泛用的步槍吧！後勤官又問我：「你要用ＡＲ系還是ＡＫ系步槍？」我毫不猶豫選擇一直以來用得最習慣的ＡＲ系步槍。

後勤官轉身到軍械室拿出一把美國援助的Ｍ４Ａ１步槍，以及四個裝滿子彈的彈匣出來給我，簡單摸索熟悉一下。這把Ｍ４Ａ１雖然有使用過的痕跡，但看得出來射擊次數不多且使用時間也不長，幾乎還是九成新的狀態。接著又跟後勤官要了一頂頭盔、前後一組的抗彈板跟一套烏軍制服。

完成交接手續後，說晚一點便會有人過來接我離開。稍微整理一下裝備跟行囊，沒多久便有負責運補的烏軍士兵，說會帶我到前方的安全屋與所屬的部隊會合。

坐上車，駛離哈爾科夫市區，一路通過重重關卡朝著烏東的方向前行，周邊的景色也逐漸走進鄉間和荒涼。沿途還能看到鏽跡斑斑被擊毀的裝甲、坦克車輛，它們的部件散落在路旁的農田中。這是開戰之初，哈爾科夫保衛戰所遺留下的痕跡，昭示著這裡曾經發生過一場大戰。而我，即將被捲入這場戰爭的漩渦之中。

側寫（二）烏克蘭戰場上攜行的個人裝備（1）人身部品篇

有關個人攜行裝備的說明，只是分享我個人在烏克蘭執行任務時攜行的物品裝備給各位參考，並非是全般通用的依據。個人裝備的準備還是要依照，如：醫護兵、通信兵、狙擊手等，你在戰場上所扮演的職責和角色來準備，並結合考量任務性質（攻擊、防禦、巡邏、滲透等）和戰場環境，包含天氣、溫度、地形地貌（森林、城鎮、沼澤、高山）以及個人體能的評估，才能做出充分且有效率的戰場準備。

一、個人防護裝備

前、後抗彈板使用的是美軍的SAPI板，側面則是使用烏克蘭國產的四級側板，不論前、後還是側面都還額外內搭III A級軟板。

腰部使用內含III A級的軟板腰封來進行骨盆跟腰部區域的保護。

至於為什麼沒有使用護頸、護襠、護臂跟護腿，因為我認為這些額外的防護配件會妨礙我的活動，而且重量再加上去將超過我的負重能力。

二、彈藥攜行

槍榴彈：

因為大部分時間我都在使用下掛式槍榴彈發射器，每次出任務我至少都會攜帶三十發左右的榴彈。首先利用腰帶跟背心上的包具，隨身攜行十發左右，其他剩下彈藥則是放到背包裡作為補給備用。

如果是進攻型任務則會在攻擊點前放下背包後，再用榴彈攜行袋額外背負十發使用。

步槍彈匣：

榴彈的使用壓縮到我身上帶彈匣的空間，所以我隨身只有攜帶八個彈匣（胸前三個、側腰帶四個、槍上一個）。

剩下的放進背包，通常總彈匣數會落在十至十五個，一樣是視任務需求做調整。

手榴彈和煙幕彈：

通常身上都至少會帶兩顆手榴彈（M67）和一顆煙霧彈（用以掩護進攻或是撤退），背包裡則是一樣視任務需求決定是否額外攜帶。

不過我身為槍榴彈兵，通常就不會再額外攜帶更多手榴彈，這部分就交給隊友，隊友身上至少都會帶上四顆以上的手榴彈，如果是進攻型任務則會再多個六、八顆不等，甚至十顆以上。

額外的武器：

恐懼來自於火力不足，在負重有餘裕的情況下，防守型任務我會多攜帶一具AT4火箭筒，用以對付裝甲車輛；進攻型任務會攜帶M72 LAW（六六火箭彈）、RPG-18、RPG-22這種較小口徑、重量體積較小的火箭筒，適合對付敵人防禦工事或是佔據的建築。

醫療用品：

我在背心右側後方掛著ＩＦＡＫ，除了ＩＦＡＫ裡面有一條止血帶之外，我身上左、右手都可以觸摸到的位置放上兩條止血帶，這樣身上總共會有三條止血帶。背包裡會多放一條止血帶跟一些額外較為不緊急使用的醫材，如：以色列繃帶、骨折固定板之類或軟式戰術擔架。

第二章

庫皮楊斯克區攻略戰

VARGAS

9月25日至9月27日　安全屋

簽約完的當天下午，經過約一個小時的車程，便抵達哈爾科夫郊區一個小村莊。我們連隊的據點就藏在破敗的村莊中，那位負責運補的烏克蘭士兵把我交給留守在安全屋據點的志願軍士兵後便離去。

由於連隊大部分人都因為臨時任務而被派遣出去，只剩下幾個少數的留守人員。留守人員不太清楚隊員具體被派去何方、執行什麼樣的任務，只知道這大概是我們第一營第一次執行的重大任務。

既來之，則安之。在屋內的角落找了塊地方安頓好行李和今晚睡覺的位置後，察看手機依舊沒有凱的消息，但好在能夠聯絡上直屬長官羅利，並向他匯報我目前的狀況和地點。

接著只了解到他們似乎正在前線執行任務，非常忙碌，同時前線也沒有手機訊號，只能仰賴前線據點的星鏈（Starlink）所提供的 Wifi 網路，進行斷斷續續的不定時聯絡，並等待羅利的通知和安排。

沒有讓我等太久，在安全屋度過平靜又無聊的兩天後，羅利終於帶來了好消息。一大早，羅利傳訊息告知，今天會派人來接我去跟前線部隊會合。

我迅速把行李和裝備都整理好，保持能隨時出發的狀態。當天下午，之前載我來到安全屋的那位烏軍士兵再度現身，表示這次仍舊是他負責接送我。

話不多說，把行李搬上車，向駐守安全屋的戰友道別並感謝這兩天的照顧後，繼續向烏克蘭東部的方向前進。

標槍射擊

從被擊毀的俄軍裝甲車上收集彈藥

被俘虜的俄軍

9月28日　戰火中的地下世界

在前往東邊戰線的路上，運輸車順道繞了幾個其他地方的安全屋，多載幾個人上車。這些人跟我一樣也是國際兵團一營剛加入不久的志願者，只是所屬單位不同，但都是準備前往同一個地點與各自的單位會合。

具體抵達的地點，連載送我們的烏軍士兵也不是很清楚，只知道他奉命先把我們載到中繼點，後面則會換其他人載我們前往部隊真正所在的前線基地。坐在沒有窗戶的廂型車後面，完全看不到外面的景色，在百般無聊下隨著車身的搖晃，任誰也抵擋不了襲來的睡意，漸漸地進入了夢鄉……。

一陣劇烈的搖晃，把所有人都驚醒了。隨著路面的崎嶇不平，整輛車開始劇烈顛簸起來。轟！一聲火砲發射時產生的巨大轟鳴聲從不遠處傳來，把僅剩的睡意都給徹底驅走。我們車上一行人面面相覷，只有開車的烏軍士兵一臉淡定。

最後車子停在一間農舍旁邊，駕駛要我們把行李都搬下車，看來是到達中繼點了。在離農舍不遠的樹林裡，一門重型火砲正不斷地射擊，發出陣陣巨大的爆音。接著從農舍走出幾個烏軍跟載送我們的駕駛聊了起來，還拿出水跟食物問我們要不要吃。看樣子這是一個砲兵陣地，駐紮在這個農舍的應該就是操作這門火砲的砲班。

夜幕逐漸降臨，一輛軍用卡車朝著我們緩緩駛來，砲兵陣地的烏軍讓我們幾個志願軍一起幫忙把各種諸如：衣物、睡袋、糧食、水之類的物資，從倉庫搬出來準備裝載到卡車上。

大夥協力一陣七手八腳後，把物資都裝上後車斗，隨後示意我們幾個志願軍上車，這班運輸卡車將送我們到達最終的目的地。

跳上了車斗、關上車門，留下來的烏軍士兵揮了揮手，祝我們好運！

卡車就這樣搖搖晃晃離開，朝著黑夜中駛去。不到一個小時，就聽到車上的士兵大喊，要我們把頭盔、防彈背心等防護裝備穿好，我們即將進入戰區了！

——

卡車行駛到一棟巨大的建築物前，基於安全因素，避免暴露位置，卡車早就把車燈給熄掉。周圍一片漆黑、沒有任何燈光，完全沒辦法掌握身處的位置和周邊的狀況。

後車斗的車門被人打開，幾道不太刺眼的微弱紅光隨之照射進來，看到不少人從建築物的地下室走出來，隨即傳來不同人詢問的聲音：

「英語？」

「西班牙語？」

「日語？」

我跳下車向著那個說著英語的人靠過去，同行的幾個哥倫比亞人向操著西班牙語的人集合。其他從地下室走出來的人，正井然有序地把卡車上的物資給卸下來搬到地下去。

說英語的引路人因為頂著頭燈的關係，我看不清他的臉，沒辦法判斷他的身份國籍。

他詢問我是哪個連跟排的人後，就帶著我下到他們所在的地下室。下樓梯轉個彎，眼前是一條漆黑的長廊，只有盡頭轉角處的大廳有點微弱的淡黃燈火，左右兩側盡是一間間的小隔間，但是因為整個地下室都沒有燈光，所以也看不清隔間裡面有什麼。他帶我到其中一個隔間前，指著裡面說：「這是你們排的房間，你的隊友都出任務還沒回來，你自己隨便找個地方安置吧！」說完他人就走了，留下我一個人待在黑暗的房間裡。

我從背包摸出了頭燈，開始查看周邊環境。

房間不大，雖說是房間，實際上看起來跟難民窟差不多。地下散落各種雜物跟垃圾，且因為在地下的關係所以通風也不太好，抑鬱的空氣中瀰漫著各種味道跟霉味混在一起。只有房間內一落一落的睡袋跟行李，顯示這裡是有人睡覺的位子。

不知道該幹嘛的我，找一個看起來比較乾淨的角落，從旁邊拉來一塊不知道哪來、也不確定乾不乾淨的小床墊墊著，然後鋪上自己的睡袋，今日的棲身之處就完成了。

正當我打算整理裝備和行李的時候，走廊外傳來一陣腳步聲跟吵雜聲。突然背後傳來一聲熟悉的聲音叫著我的名字，我猛然回頭一看，這不正是幾天不見的凱嗎！

還沒來得及沉溺在相逢的喜悅中，只見凱全副武裝拿著槍，卻渾身是血，我驚訝問道：

「這是怎麼了？你受傷了嗎？」

凱一開口就吐出一個令人震驚的消息：「羅利他死了！」

明明今天早上還在跟他通聯，怎麼才到了晚上人就死了呢？！

羅利（Rory），愛爾蘭人，烏克蘭國際兵團成立之初就加入的成員之一，後來成為了凱的班長，而這次我們的烏克蘭之行正是因為受到他的邀請。

在出發前我就從凱的口中聽到了不少有關他的正面評價，也正是如此我們才會選擇來到這裡的原因。

原來在我來之前，第一營就已經開始在執行作戰任務，目標是攻打一座被俄軍佔領的村莊。經過兩天激烈的交火，身為班長的羅利在今天下午的行動中不幸中彈，當場陣亡，他的屍體正是凱從戰區中給拉出來的，也解釋了為何凱會全身都是血！

「現在我該怎麼辦？該找誰報到？」

我手中還拎著一袋總部的人要我轉交給羅利的東西，驚魂未定的凱放下武器和背包，說他去找人問問看現在該怎麼辦。畢竟執行任務的隊伍才剛陸陸續續回來，整個狀況還處於一片混亂。

我又獨自一人被留在小房間裡，消化一下這突如其來的噩耗。過了片刻，可以聽到外頭的人在大廳集合起來，向知情與不知情的人會報今天的戰況以及關於羅利不幸陣亡的噩耗。

當時情況是這樣，在任務中，我方部隊本來包圍了一棟俄軍死守的建築物，由懂得一點俄語的羅利上前勸降那群俄軍。本來俄軍也覺得突圍無望，於是決定出來投降，但是不知道是什麼情況，可能現場太過於緊張，有人意外走火，嚇得出來投降的俄軍士兵胡亂開火反擊，最靠近俄軍的羅利就首當其衝在混戰中被流彈擊中身亡。

為了避免強攻造成更大的傷亡，最終是召來烏軍坦克直接轟擊建築物，擊斃屋內的俄軍後才成功攻佔目標，控制了這一塊區域。

聽完之後，所有人集體弔唁，一起為羅利的犧牲默哀。雖然遺憾，但仗還是要繼續打。默哀後，就是任務分配跟簡報，以及各部隊長官開會討論明日作戰的細節。

我在凱的引薦下見到排長和幾名隊友，只見排長也不囉嗦，要我今晚準備好，明天直接跟著小隊執行任務，如果有需要彈藥補給就去找負責人領取。

負責人拿了三顆手榴彈給我，凱又幫我弄來幾個彈匣跟彈藥，一邊檢整任務需要的武器跟裝備，一邊疏理現在的狀況跟任務：我們目前所在的位置是前陣子大反攻中，剛收復不久的庫皮楊斯克市[1]。市區一所學校的地下避難所權充部隊的臨時前線基地，之中聚集了上百名一營的志願軍。

- 目標是攻克佔領奧斯科爾河（Oskil）對面的第一個城鎮——彼得羅巴甫利夫卡（Petropavlivka），以建立灘頭堡。
- 掌握通往烏克蘭東部大區——盧甘斯克（Luhansk）的重要公路——P07與P66。

面對明早就要第一次踏上真正的戰場，心中一點真實感都沒有。儘管以前在法國外籍兵團服役的歲月裡，早經歷過大大小小的任務和實兵演習，但對真實的戰場依舊是一片茫然和陌生。身邊是幾乎不熟悉的隊友，面對不曾踏過的土地、戰力不明的敵人，對我來說充滿著種種不安定的因素。

話說如此，伴隨著遠方不時傳來的砲火聲。當晚還是沉沉地睡去，畢竟我能做的事情並不多，只能盡力做好最大的準備，剩下的就靠以前的訓練和現場臨機應變吧！

凱的故事（一）

9月23日至9月25日　開拔前線

簽完合約當天被迫先和陳晞分開，由小隊的成員帶往安全屋等待下一步指令。在哈爾科夫郊區外的安全屋度過一晚，隔天早上就見到幾名熟悉的老戰友。簡單寒暄後，他

1　編註：距離哈爾科夫俄烏邊境四十公里，是重要的鐵公路系統樞紐，開戰前居民人口不到三萬人。

們說還有行動要先行離開，叫我先在安全屋等待任務結束再來接我。

但是下午總部就派人接送安全屋剩下的人到更前面的村莊與他們會合。無人知曉具體的情況如何，都以為這只是一般的據點轉移而已，車隊一路前進，來到剛被烏軍奪回的庫皮楊斯克市，直到抵達一所學校旁才停下來。

隊伍進駐旁邊無人的建築物，在把車上的物資跟裝備卸完後，我才有機會跟以前的老戰友們好好寒暄一番。其實大夥也不太清楚現在來這的目的是什麼，只有傳聞說這幾天可能會有一場大行動。

依照我第一次在烏克蘭國際兵團待過的經驗，這八成又是去接管已經被烏軍攻下的村莊，由於班長羅利還在跟其他的上級長官們討論，所以目前任務資訊尚且不明。

寒暄中，俄軍的砲火突然來襲，我們一行人趕緊跑到旁邊的廢棄學校裡躲避。這時巴西籍的老戰友麥斯還不忘轉頭對我說：「兄弟，歡迎回來烏克蘭！」彼此相視一笑，默默聽著烏軍與俄軍雙方此起彼伏的砲擊聲。

直到夜色降臨，砲火才稍微停歇，決定趁機去指揮中心連結剛架設好的星鏈網路，詢問陳晞的狀況如何，但始終連不上，加上手機沒有網路只好作罷。

9月27日　彼得羅巴甫利夫卡爭奪戰

在學校的地下室待命兩天後，羅利開完會回來，召集所有人正式宣布明天將會有軍事行動，任務目標是奪回前面的村莊——彼得羅巴甫利夫卡，我們B連將會派出兩個排的兵力協同烏軍部隊去執行作戰。

第二次回來烏克蘭後就迎來第一次任務，其他一直留在兵團的戰友說我趕上最佳的時機點，這是兵團第一次的大規模軍事行動。前段時間他們已經無所事事好幾個月了。

此次作戰我被分配到的是戰場傷患後送，以及彈藥運補的支援任務，與我一起組成搭檔的是一名曾參與伊拉克戰爭的美軍士官艾瑞克，讓我心裡踏實不少。

作戰開始後，我們因為任務性質的關係沒有投入到大部隊的進攻，而是留在戰場後方的車上待命。起初我以為這是一份輕鬆的工作，加上以前有過在兵團的經驗，認為他們不會讓外國志願軍去執行太困難的任務。但是隨著第一聲槍聲響起，我才瞭解到這次的任務似乎有點不太一樣。

當時我跟艾瑞克還在車上研究著戰區地圖，設想潰敗的俄軍應該不會有太多的反抗，掃蕩村莊的任務要不了多久就會結束。但沒想到槍聲開始大作，面對我軍的進攻，俄軍立即展開猛烈反擊，各式大小口徑的火砲朝著我軍部隊的位置狂轟濫炸。

俄軍可能已經掌握烏軍絕大部分的部署，縱使我們是待在比較後方的指揮部，附近也是遭受非常猛烈的砲擊。有幾發砲彈甚至低飛打斷樹木在旁邊爆炸，只聽到身旁駕駛座上的艾瑞克不停地咒罵髒話。

——

戰鬥開打沒多久，無線電傳來一陣疾呼：「有傷患、有傷患！後送小組快來支援！」我跟艾瑞克在確認傷患位置後，就開著皮卡車衝向戰場，但到達指定地點卻沒看到需要後送的傷患，只有敵方的火力一直朝我們猛烈開火，一輛孤身衝入戰場的車輛尤顯突兀，很自然成為被集火的標靶。

面對如暴雨般的子彈，不得不趕緊逃離現場，要是再慢一步可能就會被打成篩子。

在轉移到較為安全的位置後，再次詢問傷患位置，原來我們與拉出傷患的小隊擦身而過，他們躲藏在比指定地點更深處的草叢堆裡才導致我們沒看到。

第二次再嘗試開進去救援，敵方的火力依舊毫不留情。到達約定地點後發現傷患是同隊的另一名戰友，雖然他被子彈擊中的小腿已經讓醫護兵緊急處理過，但還是因為疼痛不已，不停用自己的母語在胡言亂語，完全聽不懂在說什麼。

合力將他抬上車後，在友軍的掩護下我們加足馬力撤離，一路狂飆前往野戰醫院。回去路上還有躲在樹後搞不清楚狀況的士兵，看我們開過來馬上舉起反裝甲火箭要朝我們發射，嚇得我趕緊手伸出車窗大喊：「是友軍，不要開火！」

脫離交戰區後，一路上我轉身握著那名隊友的手替他加油打氣，深怕他撐不住，直到抵達戰地醫院交給軍醫處理。

回到待命點後仍舊心有餘悸。剛想喘口氣，無線電卻又傳來急促的聲音：「支援小組，前線沒彈藥！急需補給！」

我們只好又發動引擎，駕著車再一次衝進火線，把滿車的彈藥給卸下後，趕緊猛踩油門脫離交火區，避免再度淪為俄軍的攻擊目標。回程中車輛一個顛簸，放在儀表板上的無線電竟然飛出車外！

由於還在危險區域，我們也不敢輕易停下車來只能繼續狂飆，但我尋思不能沒有無線電，我們需要時刻與總部和隊友們保持聯繫，以免錯過救人的黃金時間或是延誤戰機。於是我跟艾瑞克說我們必須撿回那具唯一的無線電，我原本計畫是把車停在安全的位置後，再藉由旁邊的建築群作掩護衝回去撿無線電。豈料開車中的艾瑞克聽聞後，立即方向盤一轉，一個急轉彎直接開回無線電掉落的地點。

艾瑞克的腦迴路實在不能理解，我都還沒反應過來，他就又開車衝回交火區中。好在很快就發現掉落的無線電，我趕緊打開車門連滾帶爬地跑去撿無線電，並迅速衝離這個地方。

此時一發砲彈直接落在車頭左前方不到五公尺的地方，一陣耳鳴眩暈後我倆互看一眼，罵聲髒話、相視大笑。好在一切都是那麼的有驚無險，這就是所謂劫後餘生的感覺吧！

短暫休息過後，我們又完成一次運送俄軍俘虜跟運送彈藥的任務。好在之後都一切順利，前線也無人傷亡。就這樣，第一天的行動隨著夜色落幕而告一段落。

隊友們陸陸續續回到據點，小隊聚在一起檢討今日行動中的缺失。排長對我們開著車在交火區衝鋒陷陣的表現大為讚許，正因為我們在關鍵時刻完成傷患後送跟彈藥運輸的工作，為前線的作戰任務提供很大的支援。

9月28日 戰友逝去的傷痛

第二天作戰持續進行著。

經過昨日的行動，部隊已經收復超過半個村莊，當眾人還沉浸在第一天的勝利、士氣高漲地出發，殊不知卻是惡夢的開始。

我依舊與艾瑞克擔任同樣的任務，負責支援運輸的工作。在把隊友們載運到出發位置後，我便與艾瑞克尋找地方隱蔽起來待命，仔細聽著無線電。每當有槍聲響起，我都很怕無線電傳來呼叫我們的聲音，多麼衷心希望都沒人會需要我們。

但事情永遠不會那麼順利，尤其在戰場上。無線電再次響起：前線又有兩名傷患！

我們馬上出發救援傷患，由於傷患所在地點還在交戰，下車幫忙拉傷患時，一陣爆炸伴隨著熱浪把我震得退後好幾步。原本被隊友擊毀距離不到五十公尺的裝甲車，突然爆炸並燃起熊熊烈火。

由於現場太危險又遲遲等不到第二員傷患到來，加上敵方火力過於兇猛，艾瑞克叫我照顧好傷患，竟直衝去幫忙作戰。話一說完，就看著他跑到左手邊的土坡上與敵方駁火。這時我們顯眼的車輛又成為攻擊目標，感覺得到子彈一直從我身旁呼嘯而過，想著此處不宜久待，就先拉著第一名傷患跑到右手邊的土堤下躲避。

過沒多久，另一批小隊的人把第二名傷患送到。我朝艾瑞克喊道：「嘿！我們該走了，傷患都到齊了！」

沒想到這時艾瑞克已經殺紅了眼，邊開槍邊回道：「凱，你知道醫院的位置對吧？你快走，我掩護你！」

沒辦法，我只能趕快把傷患抬上車，跳上駕駛座、留下艾瑞克，獨自載著兩名哀號不止的傷患先行駛離交戰區，一路上，除要保持著速度又要小心路邊的坑坑窪窪，以免顛簸弄疼傷患。最終順利趕到醫院，交給早已等待多時的救護人員。

想起還留在戰場的艾瑞克，正欲拿起無線電詢問前線隊友的狀況和艾瑞克的下落，才發現無線電竟然被艾瑞克給帶走。沒有無線電就無法掌握目前情勢，無奈之下，我只好將車開回指揮部向指揮官回報行動結果。

指揮官說目前還沒有需要用上你的地方，先去旁邊休息待命，當有需要的時候再給我命令。過沒多久，指揮官的無線電裡傳出有人頭部中彈需要後送！

我自然地看了眼指揮官，他卻表示這交給另一組後送小隊。過了一陣子，指揮官慌張地從地下室衝上來，找到正在外面抽菸的我說：「那個該死的小隊沒有回應，你趕快去救援點把傷患拉出來！」並派另一位在指揮部工作的士兵陪同我一起前往。

在救援點遲遲等不到頭部中彈的傷兵，正當我們討論要不要再往前一點尋找時，就看到有人騎著ATV全地形車（ATV, All Terrain Vehicle），後面綁著一個傷患從我們面前疾駛而過。我們立刻反應過來跳上車去追趕他，一起駛回指揮部。

看著奄奄一息的戰友頭部整個被包紮起來，一時之間認不出是誰，但是身上的刺青看起來就像是艾瑞克，加上後來用無線電呼叫他一直都沒有回應，很擔心會不會就是他受傷，但當下的情況容不得我們想太多。幾名指揮部的人員也跑出來合力把傷患抬上車，我只能以最快的速度把傷患送去醫院，路上不斷與他說話，但始終沒有得到任何回應，直到他臉上的紗布被震掉才發現不是艾瑞克。一方面覺得好險不是艾瑞克，另一方面還是希望這位戰友能平安沒事。

運送完這名傷患後，在回去指揮部的路上，一發砲彈毫無預警地的炸在車旁，所幸車跟人都沒事，但是那發砲彈幾乎把我心中所剩的勇氣都給擊潰了。這時候要是再來一名傷兵，我可能真的沒辦法繼續下去了。但本能還是驅使我把車開回到指揮部，我不能在這時候被一發砲彈給擊垮，還有很多隊友正在前線奮戰呢！

回到指揮部，聽到部隊又已經往前推進一段距離。這次指揮官叫我直接開到他們的後方較為安全的區域待命。我又一個人開著車跑到戰區，一到現場發現隊友還在與俄軍交火中。正不知道要把車安置在什麼地方的時候，看到前面房屋旁的戰友在向我招手，示意這邊可以停車。

詢問戰況，了解到目前隊伍正在包圍某棟敵佔建築，裡面的俄軍負隅頑抗，我軍幾次的進攻皆無功而返，形成一個僵持不下的局面。故此，我只能退到不遠處的掩體後等待命令。

突然間，看到艾瑞克開著另一輛車衝到我旁邊叫我上車，說道：「前方有人受傷，快來幫忙！」由於還在交戰，我便跳上車後趴在車斗上準備隨時接敵，也通知好周邊的友軍小隊一起向前推進，掩護我們進去救援傷兵。

艾瑞克把車停好後，我一跳下車就看見一名受傷的隊友倒在地上。走近一看，赫然發現，這名倒在地上的隊友竟然是羅利！

更令人震驚的是，守在一旁的醫護兵表示羅利已經回天乏術，宣告當場陣亡！

沒想到才第二天的行動羅利就陣亡了。情況容不得我們猶豫遲疑，大夥立即合力把屍體搬運上車，由艾瑞克負責開車先載運遺體離開戰場，我則留在現場接替羅利陣亡後空出來的防守位置，以防俄軍想趁亂突圍。約莫十分鐘後，烏軍坦克前來支援。一聲轟然巨響，朝著俄軍固守的建築開砲，直接炸開一個大洞，並一鼓作氣攻陷目標，擊斃屋內所有俄軍，為今日的作戰畫下句點。

晚上回到據點，正準備卸下沾滿血跡的裝備，就看到陳晞也來到前線。向他告知今日的噩耗後，便跟著去大廳與隊伍開會。短暫的會議以及對陣亡戰友的弔唁後，就各自解散。這時完成羅利遺體後送的艾瑞克回到據點，看到隊友後與每個人彼此擁抱，用無聲的行動表達最深層的難過和不捨。

這就是戰場的殘酷，是每個上戰場的人遲早都要面對的命運。但羅利的陣亡對小隊來說，無疑是個不小的打擊。此刻心裡想到，帶著陳晞一起來烏克蘭或許不是個明智的決定。羅利是我非常要好的朋友，從我第一次加入兵團我們就一直待在一起，如今我失去了一個好友，我不想再失去第二個。

於是我向排長建議讓剛加入的陳晞先跟著我們後送支援小組行動，適應一下戰場環境。但因為兩日的傷亡導致人手不足，所以排長拒絕這個提議，陳晞將補上羅利的位置直接參與明日的作戰。

9月29日　初陣

凌晨四點，周圍傳來窸窸窣窣的聲音。眾人開始陸續起床為出任務前做最後的準備，我也跟著起床開始著裝。從野戰口糧裡抓點餅乾草草吃過早餐，就跟著隊伍把備用的彈藥、反裝甲武器等裝到皮卡車上。

一個名叫卡利的芬蘭人朝我走了過來，說道：「我是隊上的醫護兵，讓我看看你的個人急救包吧！」

在檢查過我的急救包內容是否齊全後，接著又確認我攜帶的彈匣跟彈藥是否足夠。

「好！看來你已經準備好了，我就是你今天的班長，跟著我走就對了。」

卡利拍了拍我的肩膀後，就聽到外頭正喊著我們排的所有人集合，於是全員頂著頭燈站在陰暗狹小的走廊裡，聽著排長點名作最後的人數確認跟任務提示。

確認沒問題後，排長帶領我們這一班約六、七人的小隊走出地下室。

烏克蘭秋季的清晨略有寒意，頂著微弱的晨曦，我終於能一睹這個學校及其周邊的全貌。經過一番戰火的摧殘，學校大樓的窗戶幾乎全部破碎，部分建築遭到砲擊而崩塌，校園周邊則是落下不少崩落的碎石和倒塌的牆壁，不遠處還能看到被燒得只剩下骨架的俄軍卡車。

要出任務的車輛已經開到學校前面的空地準備出發。

凱是彈藥運補兼醫療後送小組人員，我則是配屬在進攻小隊，因此搭上不同的車輛出發。這一次的任務，我們又要暫時分開了。

分配好各隊車輛，各自檢查武器並上了膛後，我們便上車出發。一行四、五輛車的車隊，浩浩蕩蕩朝著目標村莊前進。行駛在庫皮楊斯克市區的街道上，沿路皆是各種因戰鬥而毀壞的建築及車輛，城市的破敗更勝哈爾科夫。

——

跨越奧斯科爾河的橋已經被敗退的俄軍給炸毀，我們只能從河道較窄處，由烏軍臨時搭建的工兵橋通過。過橋後便離開市區的範圍，周邊的景色放眼望去只有森林跟農田，道路也只剩下坑窪不平的泥土小路，隱約還能看到隱藏在密林間的烏軍陣地。

約莫經過三十多分鐘的車程，便進入了目標村莊彼得羅巴甫利夫卡，剛行經十字路口，突然車頂傳來劇烈的拍打聲，同時聽到坐在皮卡車斗的戰友大喊：「敵人！前面有敵人！」

烏軍駕駛立刻猛踩煞車，一甫停就大喊讓所有人趕緊下車，坐在副駕駛座的我立刻踹開車門從車上跳下來。正確來說，是滾了下來。

一時的忙亂，讓我下車的時候不小心絆倒，在地上滾了一圈，接著連滾帶爬地爬到不遠處一輛裝甲車殘骸後面。才剛慶幸能找到安全的掩體，誰知抬頭一看，前方正躺著一具屍體！我還差點壓到他！

從衣著上來看，這是一名陣亡的俄軍士兵，面容早已沾滿血汙而無法辨識，下肢因受傷而斷裂，全身扭曲的仰躺在裝甲車旁邊。一股濃烈的腥臭味撲鼻而來，看得出來死亡沒有多久，就這一兩天的事。

這給第一次看到如此血腥屍體的我無疑是一個莫大的衝擊，死亡竟然就在我眼前！

駕車的烏軍士兵把車停到房屋後面較為安全的地方，拎著槍朝我所在的裝甲車後面走來，看到躺在我身邊的俄軍屍體，便一把抓起他的衣領粗暴的搖晃，對著就是一陣罵罵咧咧，這也導致原本就只剩皮膚連結的斷肢，徹底與身體分離。隨後又熟門熟路地摸索著俄軍的屍身，看能不能找出些有用的物件，不過顯然什麼都沒找到，又罵罵咧咧地離開。

不忍直視的我，下意識稍微挪開一點，趕緊架起槍、面向可能的敵情方向，希望能藉由專注在作戰任務上來平復恐慌的情緒。

在排長的指揮下，我們各自確立射界和防線，幸虧剛剛看到的不明「敵人」也並未對我們做出任何進攻和反擊，接著讓卡利帶著我和幾個人，確認周邊的民房裡面是否有人。

在確認清空安全後，餘下的人就把車上的武器彈藥給搬下來，暫時存放在屋裡作為緊急備用、建立安全區。

確保安全區後，另一個排帶著無人機小組很快也跟著進駐，開始放出無人機去我們即將前往的區域先行偵察。我們排隨即跟上，執行今日預定的掃蕩任務，目標是清空和佔領一條約長一．五公里的街道。

就在開始推進沒多久，忽然聽到排長的無線電裡傳來即將有火砲會朝我們這個區域砲擊的情報。排長一聲令下，全員立刻躲到附近的建築或是地窖躲避砲火。

我跟著幾個隊員跑到一幢房屋中躲避，經驗老道的卡利在我身邊提醒不要太靠近窗戶，且留在走廊上趴著比較安全。

透過詢問才知道，俄軍的無線電已經被烏軍破解竊聽，所以一切的部署甚至即將砲擊的目標都被完全掌握。果真沒多久，咻咻砲彈聲便朝我們破空而來、在附近炸裂，整個地面都為之震動。各種碎石斷木簌簌地拍打在屋頂上，比起在哈爾科夫經歷的空襲又更為震撼。

趁著這個空檔，大夥感慨著重砲的威力、一邊趴在地板上向我這名新加入的隊員做自我介紹，互相握手歡迎我的到來，彼此相視的笑了笑。我們竟是在這種情況下互相認識的。

我們排主要由兩支小隊組成，我所屬的隊伍是一支由各國人士組成的小隊，有波蘭、芬蘭、美國、巴西、東歐等各國人士。

另一支則是由數十名哥倫比亞人所組成的隊伍。除了他們的女隊長會說英文之外，剩下的隊員都操著一口西班牙語溝通。雖然國籍各有不同，但感覺得出來大部分人都並非外行人，都有軍警方面的相關經驗，再歷經幾次的任務和行動，不需要排長太多的命令，每個人都能自動自發找到自己該做的事，該掩護的掩護、該入屋掃蕩的掃蕩，使得才剛加入的我儼然是隊上最菜的戰場新人。

初入真正的戰場讓我感到緊張無比，而剛下車見到的屍體更是一個震撼教育，但透過曾在法國外籍兵團服役時所累積的訓練和經驗，隨著任務不斷的推進，我也漸漸找到以前演習和訓練時的感覺，跟著老兵的腳步逐步進入狀況。

安然度過砲擊之後，隊伍前進到羅利昨天陣亡所在的俄軍建築。可以看到被坦克砲擊房子所留下的大洞，建築物外散落著幾具俄軍屍體，路過的時候排長還順手從屍體上摸出幾顆手榴彈，同時也讓隊伍進入屋內再做一次確認和清理。

屋內的走廊上，牆上遍布著彈孔，一路上都是俄軍東倒西歪的屍體，後面的隊友提醒走在最前頭的我小心地上的屍體。低頭一看，還能見到有屍體埋在瓦礫堆，這條短短十幾公尺前行的路，竟是用屍體堆積而成的！

其中一具坐臥在旁屍體，身體上無明顯的外傷，感覺不是當下直接死亡，而是受了重傷後緩慢地死去，看著那張大著嘴，充滿絕望的面容，令人一不小心就會對上的無神雙眼，似乎死神要透過他的眼睛發出靈魂的質問：

「你準備好面對死亡了嗎？」

那是一雙始終讓我無法忘掉的眼神。看著這具屍體，我不禁這樣的想著：「或許有一天這也會是我的下場吧！」

這樣的念頭才在腦中一閃而去，背後就突然迸發出一聲槍聲，巨大的槍響迴盪在建築內，驚得我趕緊蹲下找掩護。回頭一看，只是隊友太緊張導致槍枝走火，或許因為是這屋內場景實在太過駭人了吧。

——

總算穿過這棟血腥建築，前方接下來就是從未佔領過的未知區域。我們逐屋逐棟清查，遇到上鎖的建築，不是開槍破鎖就是破窗而入，徹底搜查所有房間，包括倉庫、地窖的每一個隔間和角落，甚至連床底下還有衣櫃裡都不放過，就怕有俄軍的殘兵敗將躲藏其中。

這種高風險的城鎮和室內作戰是最令人感到高壓和緊張的，每一次的破門而入，都不知道後面等著的究竟是不是敵人？尤其入屋的時候，除了要警戒敵人外，可能還有當地沒走、正衝著你尖叫的村民，時常要小心手指上扳機的控制，要在一瞬間判斷是敵是友，深怕一個不小心就誤傷平民。

伴隨不遠處其他的部隊三不五時傳來交火的聲音，表示這附近還潛藏著敵軍，更是讓人倍感壓力。

遇到了村民，我們都會要求出示證件以確認身分，避免潰逃的俄軍偽裝成平民。大部分村民一開始看到一群武裝士兵衝入家裡拿著槍對著自己，不免會驚聲尖叫或緊張地舉手投降。但一知道我們是前來解放村莊的烏克蘭方士兵，很多都又驚又喜，甚至喜極而泣。已經飽受戰爭的摧殘而物資匱乏的他們，卻還熱情拿出僅有的珍貴糧食和飲水分給我們，這都讓士兵們無比的感動。

過程中我們遇到一個四口之家，此時，又從無線電中聽到砲火即將來襲的警告，我們被迫就近躲在他們家裡，會說俄語的捷克籍排長，也趕緊讓那一家子跟著躲起來[2]。

當聽到我們隊員口渴跟他們討水喝的時候，他們那激動的大兒子在我們不及阻止下，不顧外頭的危險，跑出去抱回來幾瓶水跟一罐醃黃瓜給我們。雖然我們彼此語言不通，也能從他們的言行中感受到是發自內心的高興。

至少這一刻，讓我覺得冒著生命危險、遠赴千里來加入國際志願軍參戰是一個正確的決定。

跟我躲在一起的父親，則是對著我比手畫腳，說了一大串的俄語夾雜著破英文試著跟我溝通。聽了一陣之後，聽出他似乎要告訴我們知道俄軍的據點在哪裡，我取出紙筆跟手機電子地圖，跟他確認詳細情況跟位置，了解到在隔壁不遠的街區，一間學校的地下室似乎就是俄軍的據點之一。得知這個重要的情報，我趕快帶著父親找到正忙著講無線電的排長。

排長知情後也跟父親再三確認，就將這個重要情報回報給上級。當日就聽到烏軍派出坦克進攻，最後攻克了那個據點，也算我們排今日一大收穫之一。

砲擊結束，我們告別了四口之家，繼續執行作戰任務，後面還有很長一段路要走。衷心祈禱，在戰火下他們都能夠平安。

一整天下來，我們不斷重複著破門、掃蕩、清查身分、躲砲擊，偶爾還要閃避俄軍的無人機偵察。幸虧一路上很幸運都沒有遇到敵軍，但踹圍籬、破門窗、翻牆翻窗、爬梯子以及各種相應的戰術動作，一整天十幾個小時幾乎沒有什麼時間進食，加上神經緊繃與壓力，不論對體力還是精神都是一種消耗和折磨，很多人到傍晚都略顯疲態。

隨著夕陽西下，總算在黑夜來臨前掃蕩完目標街道，也與在隔壁平行街道負責掩護我們的友軍會合。今日戰線又多往前推進了一步，成功收復了這一塊街區。

負責接送的車輛陸陸續續來到，凱搭乘的車輛也在其中，我們彼此握住對方的手臂，能見到好友平安無事，喜悅的情緒溢於言表。

前來的運輸車位置不夠，少部分人要原路返回當初囤放裝備的屋子，回收武器彈藥，並

---

2 作者註：在國際兵團中，連長以下的排長、班長皆是由隊員投票推舉，連長以上幹部則是由烏克蘭軍方的軍官擔任，大部分都接受過北約的訓練。

在那邊等待這一批運送完的車輛回頭再過來載一趟。

我自告奮勇把位子讓給了隊友，跟著排長和兩個隊員徒步走回去。再次經過那棟血腥的房子，在夕陽的映照下看上去更多了幾分陰森可佈，散落在外的屍體依舊是同樣的姿勢靜靜躺在那邊，彷彿在訴說著人死後不過就是一塊毫無價值的肉塊，如果不幸無人收屍，只能任由腐敗，或是遭飛禽走獸啃食。

這跟戰友敘述的前兩日戰況相比，感覺今日的程度遠沒有那麼激烈。這對我一個初出茅廬的菜鳥是很幸運的開始，給了我一個時間和機會去適應真實的戰場環境，不至於一上來就要面對殘酷的廝殺與駁火。

我這麼邊想邊把彈藥裝載車上，坐上車在一片漆黑的夜色中返回了基地。

今日我們營無人傷亡，不過凱的後送小隊救援了一位在村莊中不幸遭砲火炸斷腿的平民。

戰火無情，人民何辜？

9月30日　打卡式戰爭

次日清晨，我們小隊再度踏上征程，除了隊伍換幾名成員，以及排長不在改由卡利接任這次的行動指揮外，大致上還是原班人馬。

相似的任務，要在「天黑之前」清空佔領另一條街道。

為什麼要說「天黑之前」？因為兩軍都嚴重缺乏夜視裝備的緣故，皆不具備夜間作戰的能力，所以不論白天戰況如何、交火多麼激烈，只要太陽一下山，天色一暗，雙方就會很有默契的停戰，各自撤退回家。就算想打，在伸手不見五指的情況下，也無可奈何。

非要執行作戰，反倒會成為具有熱成像功能的無人機容易發現的目標，並召來天降的砲彈進行獵殺。

到了晚上也只剩下勤奮的砲兵持續發動零星的砲擊。這幾天的作戰模式皆是如此，如同上下班打卡一樣的規律——白天外出作戰，晚上回基地休息，因此被我戲稱是「打卡式戰爭」。

我們隊伍在昨日囤放裝備的屋子附近下車，昨天跟我們一起行動的哥倫比亞隊伍，早就先行抵達在那邊警戒待命。正當我們還在閒聊攀談的時候，無線電那頭傳來了即將有空襲的警告，只聽著卡利大喊著：「火箭彈要來了，大家快跑！」

話音剛落，就聽到遠方的天際，傳來一陣滾滾轟雷聲，數枚多管火箭彈破空而來，發出猶如要撕破天空的尖銳刺耳聲，以奔雷之勢狠狠朝著我們直衝了過來。

頃刻間，我們頭也不回，拔腿狂奔至最近的彈坑或是建築物裡躲避。我跟卡利等人前腳才一踏進最近的房子裡，就聽到屋外傳來一波波轟隆隆的爆炸聲。

綿延不絕的爆炸持續一小段時間，我們彼此喘著大氣的你看我、我看你，無言以對。面對猶如天神般的戰爭殺器，渺小無力的人類只有匍匐在地上求饒的份。

幸虧這一波轟炸並沒有離我們太近。待爆炸消停後，我們走出屋外查看，除了外面又多了些碎石斷木，所幸無人傷亡。

等後續的隊伍過來跟我們會合之後，我們便向著目標徒步過去，剛到達街口準備開始掃蕩的時候，無線電那頭又傳來我們預定進攻的位置將會有敵方的砲擊，讓我們延遲進攻，等待進攻命令。我們便退到離街口稍微遠一點的地方待命警戒。

沒一會，砲擊果然如期而至，數發小口徑砲彈如雨點般落在街道上和庭院裡。旋即烏軍砲陣地便朝著俄軍方向開火反擊，俄方砲兵也不甘示弱，頓時爆發了一場互相壓制的砲兵大戰！只見雙方砲火你來我往，從我們正前方的上空不斷劃過，砲彈破空的咻咻聲不絕於耳，在遠方落地爆炸後，傳來陣陣的悶雷聲。

待在安全區的我們就像欣賞露天劇場的觀眾一樣趴在草地上。烏克蘭九月溫暖不燥熱的煦煦陽光，舒服地灑在身上，各人互相交換著野戰口糧品嘗，如同戰地野餐一般，連住旁邊的村民也出來看戲，還泡茶給我們喝。

砲戰持續了一整個上午，直至下午才停歇下來。同時接到開始進攻的命令，本來等到都快有睡意的我們，立即打起了十二分精神，照著原定的部署和分配開始任務。雖然我們只剩下一個下午的時間可以作戰，好在這次街道的長度只有昨天的一半不到，所處的位置也與最靠近敵方前線的街道隔了一段距離，中間還隔著友軍，讓我們小隊能夠更放心、更快速的清查每一戶建築，不用顧忌其他方向可能的敵情。

一個上午的砲擊，雙方砲兵似乎都有疲軟的現象，整個下午不再聽聞有砲擊聲。

在無人機小隊的偵察保護下，確保行動安全。進度比較快的我們，為了配合其他隊伍的步調而放緩速度，在等待的時候，還有閒情逸致嗑著村民送的西瓜和葡萄呢！

歷經昨日初陣的洗禮，今日在任務上顯得更為得心應手，不似昨日那麼的惶惶不安，透過反覆的實戰磨合，團隊的默契也越來越好，推進更加順利。

能放鬆的時候放鬆，但任務開始時仍舊必須謹慎小心、步步為營。你永遠不知道打開門的下一刻會有什麼樣的驚喜或抉擇。

在某一間上鎖的屋子，我跟在隊友後面準備跟著一起突入。就在大門打開的那一刻，忽然一隻大狼狗齜牙咧嘴地朝隊友撲了上來。我見機順勢拉開隊友，閃避掉大狗的攻擊，而衝到庭院中的狼狗，一副受到了驚嚇的樣子，顯然對當前的不明狀態和一大群陌生人感到惶恐，不停朝著我們狂吠。

我們保持著距離，不進一步刺激牠，沒有人想要為此射殺一隻無辜的狗。直到大狼狗冷靜下來，眼光突然一亮，逕直衝到旁邊有積水的水桶貪婪地喝起水來。

喝完水的牠也冷靜了下來，直直盯著我們看。我從口袋掏出點餅乾給牠吃，牠也毫無顧忌地靠上來，一陣狼吞虎嚥吃得一乾二淨。看來牠已經好一段時間沒有進食飲水了，也顯得有些疲態。

猜測是主人離開家的時候把牠關在家裡沒有帶走，結果家中的糧食吃完，同時又受了好幾日巨大的槍砲噪音，才會變得這麼有侵略性。

狼狗安定了之後，隊伍又繼續向前推進。正當我趴在花叢中替前進的隊伍警戒的時候，身後傳來一陣窸窸窣窣的聲音，只看見剛剛那隻狼狗跟著過來，直接在我身旁趴下來。

而我一站起來轉移位置，牠就站起來跟著移動；我一蹲下警戒，牠就跟著坐在旁邊，一進入庭院或屋內掃蕩的時候，牠也會自己在屋裡屋外來回巡查。

「看來我們多了一隻毛茸茸的隊友！」隊友這麼說道。

不到傍晚，本日任務提前順利完成。我們一行人正準備上車返回基地，那隻大狼狗這時卻不知所蹤，或許牠並不想跟我們離開，這裡才是牠的歸宿、牠的家，牠注定要留在這裡等待有一天牠的主人歸來。

座位不夠，只能打開後車門，克難地和隊友擠在小轎車的後車廂裡。在路過一輛被擊毀的俄軍車輛中，還撿到一大箱俄軍野戰口糧，大夥喜孜孜的搬回去瓜分掉。對於沒有交火的今日，算是其中一大收穫，畢竟烏軍的口糧味道實在不怎麼樣。

行駛在鄉村的泥土路上，跟著沿途的村民揮手，這個寧靜的午後就好似不曾有戰爭在發生。也許俄軍已經正式撤離了這個村莊，只剩下路邊的彈坑、隨處崩塌的建築、被遺棄的裝甲車還提醒著我們依舊身處在戰場之中。

路上望著車頂坐滿士兵的烏軍裝甲車，一同趕在天黑之前返回基地。

回到基地，已經有留守人員煮一大鍋不知道是什麼的糊稠料理給歸來的戰士享用。這要是放在承平時期，應該不會有人想去吃這一鍋品相這麼差的奇怪料理。但對於艱苦的前線來說，能夠在挺過戰場壓力，並放鬆地吃上一頓熱騰騰的食物，就猶如人間美味了。總覺得這是我來到烏克蘭之後吃過最美味的一餐！

今日的打卡式戰爭順利落幕。

車輛不足只能跟隊友坐後車廂

10月1日至10月2日 收復、短暫的休憩

正式宣告收復彼得羅巴甫利夫卡，代表為期四天的村莊攻略戰結束了。雖然期間我們有所傷亡，也發生令人遺憾的事，但至少他們所流的血，所付出的努力並沒有白費，最終換來這一份捷報。

上層傳達我們可能要轉移據點，準備前往下一個攻略位置的消息。這兩天暫時沒有任務，全員在地下室待命，等候新的命令下來。

看著烏軍跟其他部分單位正忙進忙出的搬運設備和器材離開地下室，我們排只能待在陰暗封閉的地下室裡整日無所事事，不時去指揮間接收一下星鏈網路訊號，上網了解俄烏戰爭整體最新情況，或與家人朋友報平安。這是沒有手機訊號的前線，唯一能夠接收外界資訊的方式。

再不然就是躺在睡袋裡睡覺，趁這個難得的機會緩解這幾天的疲勞，繼續養精蓄銳，誰也不知道接下來會發生什麼事，未來的事就等未來再思考吧！

10月3日 第一次負傷

新的任務下來了，我們連隊將繼續留在這裡，配合烏軍向村莊外圍的小路推進，建立防線以掩護工兵排雷。

「到時候第二排會部署在那邊，我們排則是部署在這邊，面對這個方向警戒。」

「到時候機槍安排在這個位置，反裝甲火箭RPG則在這裡。」

「據消息，這條路沿路上有俄軍埋設的地雷，所以你們在前進的時候要多注意腳下。」

排長在傳達完明天的任務簡報後，就散會讓大夥各自下去，準備任務所需要的裝備。整備好後，在睡前又去一趟指揮間連結一下網路，跟幾個知曉我到烏克蘭的朋友回報一下目前狀況，隨即早早鑽進睡袋睡覺。

半夜，巴西人麥斯突然發出陣陣的哀號，說他感到眼睛劇痛睜不開，什麼都看不到。緊接著，包括凱跟我在內的幾個人，幾乎每個人都感到眼睛一陣不明所以的燒灼，痛得不斷流出淚水，面部也有燒灼感，但又找不到原因，一度懷疑是不是遭到俄軍的生化攻擊還是怎樣。

我們在房間內疼痛、哀號了一整夜，直到天亮幾乎沒睡。

早上，排長忍著疼痛向連長匯報這個狀況，在巡視了地下室一圈後發現，原來不只是我們排，其他單位很多人也都出現相同情況。發現事態不尋常後，連長中止了我們的行程，重新組織其他人執行原本預定的任務，並下令所有感到不適的人，立刻前往庫皮楊斯克市區的醫院進行檢查。

所有人全副武裝、帶著槍，集體坐車前往醫院。

雖說並未遭到攻擊，但畢竟是位於戰區中最前線的醫院，院內也是沒水沒電，且設施簡陋，醫療人手嚴重不足，只能充當臨時的野戰醫院。

診視我們的情況後，醫生表示愛莫能助，這邊沒有專業的眼科醫生跟檢查儀器，只能吩咐護士幫我們點眼藥水緩解一些疼痛，並躺在病床上休息。

我們之中最嚴重的麥斯甚至完全不能見光，只好戴著墨鏡，行走都必須由人攙扶。

沒多久，連長親自過來醫院探視我們，一上來先說對不起，他們終於找到讓大家不適的原因。原來是由於部分設施轉移，在指揮間的一盞大燈也被搬走，而連長不知道從哪裡弄來的一盞立燈，放在指揮間作為照明使用，結果那個並不是普通的立燈，而是消毒殺菌用的紫外線照射燈。

所以只要在紫外線燈旁待太久的人都遭到紫外線的傷害，才會導致眼睛疼痛、面部曬傷，這根本不是什麼生化攻擊，完全就是一場烏龍！

連長表示會負起所有的責任，安排送我們回去哈爾科夫的軍醫院做詳細的檢查和治療，就這樣我們把武器裝備都交給了烏軍士兵保管（醫院規定不能帶任何武裝），坐著醫院的接駁巴士前往哈爾科夫。

還好，到醫院透過檢查後，全員並無大礙，除了眼睛因為受傷視力暫時受到影響之外，並不會留下什麼後遺症，只需搭配眼藥水多休養幾天就好，隨後辦理一些手續，準備幫我們轉到郊區的療養院住院休養。就這樣，我們這一群人因為「負傷」暫時被迫從前線退下來。

等待轉院的過程，竟然巧遇了也來到醫院的佛拉德，能看到同樣在前線奮戰的朋友平安，沒有比這個更令人感到高興的！自從邊關一別，我們彼此因身處不同單位，又都很忙碌，一直無緣再見。

只知道他目前待的第49獨立步槍營「喀爾巴阡西奇」（49th Separate Rifle Battalion "Carpathian Sich"）正在伊久姆附近的村莊駐守。

可惜沒有太多時間，在簡單的寒暄之後我們又得分離，互道珍重後，我便踏上轉院的巴士離開。

這也是我最後一次見到佛拉德。

當天晚上，我們一行「傷患」在療養院安頓好後，美孜孜地吃上一頓醫院餐，順道好好洗上睽違十幾天沒洗的澡。換上一身乾淨的衣服，暫時告別打地鋪生活——終於能夠躺在鬆軟的床上好好睡上一覺。

正當我們躺在床上準備享受的時候，同房的排長告訴了我們一個令人震驚的消息：庫皮楊斯克的醫院在我們離開不到十五分鐘後，就遭到俄軍的砲火襲擊，在這次的轟炸中造成了一名醫生身亡和一名護士受傷。推測有可能是情報洩漏，或是訊號源遭偵測、空中偵察定位等等原因所造成的。

聽到這邊，隊友們無不咬牙切齒，痛罵俄軍的無恥和卑鄙，居然公然違反國際公約攻擊醫院。看著被轟炸過後醫院的照片，其中竟包含我和凱躺過的那間病房，房內已是一片狼藉，想著要是我們晚走一步，這次就真的要負傷或是陣亡了！

第三章

東進的征途

10月7日 重返前線

住院期間，我趁著放風的自由時間，跑到市區的槍枝專賣店為我的步槍添購些瞄具和戰術配件。

經過三天的調養，大家都恢復得差不多，也該出院了。我們先返回哈爾科夫總部，領回我們寄放的武器跟裝備並等待新的命令。

這才發現，我們放在學校地下室沒帶走的行李背包，全部被收拾好一併送到總部。總部負責運輸的士兵告訴我們，兵團在彼得羅巴甫利夫卡的任務已經結束，俄軍已被完全掃蕩驅逐，我們不用返回那裡，接下來要到新據點展開新一輪的任務。

於是我們搭上車，經過約莫兩個多小時的車程，跨過奧斯科爾河來到東岸邊一個不具名的小村莊，所屬的連隊在這個村莊駐屯了包含我們在內的兩個排。雖說是連級單位，不過實際上全員加起來才不過三十多人。

這裡跟彼得羅巴甫利夫卡相比更為偏鄉，大部分村民都已經撤離，村內早就十室九空。不過看得出來這裡仍未遭受戰火的摧殘，還隨處可見放養的家禽、牲畜在村裡隨意走動，還算是生機勃勃。

村裡飼養的狗兒們，剛開始對著我們這群唐突到訪的陌生人警戒，一陣又吠又聞的，但很快就接受我們的到來。

我們排十幾個人進駐其中一間閒置的民房，雖然也是沒水沒電沒網路訊號，不過至少還有井水可用，比通風不良、暗無天日的地下室好上太多了。

屋內已經有先到來的同單位其他隊員，還有新上任的美國籍排長蒂莫西歡迎我們的到來。至於原先的捷克籍排長，暫時回國一趟處理事情。

我們將會在這裡生活好一段時間。

10月9日至10月10日　陣地易幟

經過一天的休整，新的任務下來了。這次是要攻略貼近盧甘斯克州界，位於 P07 公路旁的克羅赫馬利涅村（Krokhmaline），以進一步取得公路的控制權。

我們要前往村莊附近一個剛被攻下不久的舊俄軍陣地，接替原本的進攻部隊的任務，負責佔領和防守陣線，掩護烏軍能夠安全地朝不同方向進攻。

有異於之前的打卡式上下班任務，防守任務將會持續至少二十四小時，意味著我們將在野外過夜。

上午，排長完成任務簡報後，下午十幾個人便驅車前往指定位置，趕在傍晚前到達，再將車輛藏在樹林之中鋪上偽裝網。凱則和一個配屬我們排的烏克蘭士兵安納托利分配到在車輛留守，以應付緊急突發狀況。

排長帶領餘下的成員，沿著樹林線找到我們將要接替的第三排。三排的戰友看到有人來接替非常開心，經過一天一夜的進攻跟防守，總算可以回去休息。臨走前他們不忘炫耀昨天在跟烏軍聯合進攻陣地的時候，擊斃了兩名俄軍的戰績。

進駐在林線中的這個「前」俄軍陣地，各處已經有大大小小挖好的壕溝跟散兵坑，倒也省了我們還要挖土的力氣。周圍凌亂散落著各種俄軍遺留下來的武器、彈藥、食物、睡袋等雜物及大量的垃圾，旁邊還有輛被擊毀的報廢坦克，看得出來俄軍當初在逃離的時候有多麼倉皇。

接替了三排之後，排長分配好每個人的防守位置，我們就分別散佈在這個四百多公尺狹長的林線陣地中，在我的散兵坑旁邊還有頂俄軍的頭盔跟一件連抗彈板都沒有、明顯看到血跡的背心，也不知道背心的主人是生是死？

望著遠處被擊斃的兩具俄軍屍體，也已經是習已為常，心中也沒有太多的感觸。

——

夜幕降臨。由於這個陣地是跟烏軍聯合防守，人手相當充足，每個人都只要站一班一小時的哨。剛好我的班輪值比較前面，因此不久就輪到我上哨。

來到哨點跟前一班的戰友交接完唯一一具的夜視鏡和無線電之後，便開始監視起戰線上的動靜。除了晚風輕拂，吹著草木沙沙作響，四周只有一片寂靜，看來今晚又會是一個平靜的夜晚。正當我邊這麼想著邊下了哨，躺回自己的坑裡後，砲兵卻不安分了起來。

雙方砲兵再度展開一輪砲擊戰，一陣陣刺耳的砲彈破空聲不斷從頭上傳來，偶爾可見砲彈在黑夜中摩擦空氣產生的火光劃過陣地上空，宛如一道道的火流星墜向遠方。

我躺在坑中仰望著夜空，伴隨著這難得一見的情景，並且慢慢進入夢鄉……。

碰！

不知過了多久，陣地不遠處傳來巨大的爆炸聲。我旋即被音爆給震醒，在還沒搞清楚狀況前，又是數發砲彈落在附近，強烈火光包圍著我，我摀起耳朵蜷縮在坑裡，祈禱著砲彈不要落在自己身上。

一輪的爆炸過後，陣地周遭又重新回歸寧靜，意味著這一次的攻擊並未造成任何人員傷亡。不知道還會不會突然再來一波砲擊，我不敢抬頭或是離開散兵坑去外面看，只能保持躺平的姿勢。本來就快要睡著，卻下起一陣小雨，只好醒來從背包裡拉出防水偽裝布，隨便蓋在身上，在半睡半醒中撐到天亮。

經過一夜的砲擊戰終於在早上停止。

在這安全的空檔，排長蒂莫西逐一巡視陣地跟人員，最後來到位於陣地邊上我的坑邊問道：

「早安呀！陳，昨晚睡得好嗎？我看昨天砲擊都落在你的這邊，應該沒什麼問題吧？」

我躺在坑裡點點頭，向他比一個沒問題的手勢。

見我沒有問題後，他便逕直走向旁邊不遠處的樹叢裡小便了起來，我也爬出跟著蒂莫西，一起向著同一個樹叢「解放」憋了一整夜的尿。

「非常好，再幾個小時後就會有其他部隊來接防我們，再多撐一下就好。」

蒂莫西說完就走回自己的坑，我邊穿好褲子邊回頭看昨晚砲彈的落點。只見樹林外一片光禿禿的農地上，多了十幾個直徑約一至兩公尺寬的彈坑，其中一個彈坑距離我的散兵坑只有十公尺左右，我又很幸運再次與死神擦身而過。

中午過後，蒂莫西再巡一次陣地，逐一通知我們接替的部隊快到，要求所有人整理好背包，向指定的地點集合。

回程路上，我們把俄軍報廢坦克上還完好的NSV重機槍給拆了回去，興沖沖地說要改裝在我們的皮卡上增加火力，順便也撿拾一些RPG火箭彈跟機槍彈藥回去補充，餘下的則留在陣地給接下來的防守部隊使用。這一次的任務不但圓滿沒有人員傷亡，還滿載而歸。

回到車輛藏匿的地點，看著凱他們在車上舒服睡了一晚，我還開玩笑說早知道當初就應該自願留守在車上！

俄軍陣地

10月12日至10月13日　攻進盧甘斯克

這一趟任務結束後，排上休息了一天。然而烏軍的攻擊卻不停歇，一路勢如破竹，不到一天又往前推進戰線，攻陷俄軍的防禦陣地，對克羅赫馬利涅村形成了一個犄角包圍之勢。隔日，連長對我們排發佈新的任務。第一排要跟著烏軍進駐新佔領的陣地並待命二十四小時，期間可能會下達對村莊進攻的命令，我們將掩護烏軍的進攻。

出發前，排長拿了一把M320榴彈發射器交給具有操作經驗的我，而這把四十公厘的榴彈發射器將會一直陪著我參與未來各種大大小小的任務，成為我在戰場上殺敵的最佳利器。

車輛艱難地開在滿是泥濘的農田裡，捲起一層層的泥土，縱使是四輪傳動的吉普車也難逃陷入泥地中動彈不得的境地，行駛過程時常要被迫下來推車。

這次的陣地更為貼近目標村莊，避免被空中偵察發現，我們必須下車走上更長的一段路程。隊伍組成的一排長隊，由我負責開路打頭陣，小心翼翼地走在陌生的樹林中。忽然，看到前方樹林站著一個人，我趕緊打手勢示意隊伍停下警戒。

那個人也發現了我們，揮手示意我們不要緊張。原來是奉命負責給我們帶路的烏軍士兵，在他的長官從無線電聽到我們要過來的時候，就讓他在這邊等著了。

那個頂著一臉大鬍子的烏軍士兵一上來，就跟在排頭的我說：

「等下要注意前面有地雷，你一定要跟著我的腳步走，靠近地雷的時候我會告訴你。」

「看！地雷就在那邊，所以這邊一定要走外圍，千萬不能走裡面。」

大鬍子士兵指了指前面一個彈坑，邊上依稀可以見到一個探出土的地雷，要不是剛好砲彈落在這個地方，把掩蓋在地雷上方的泥土給炸開，還真不會被發現。我把這個訊息傳遞給身後的隊友，讓他依序傳下去提醒後面跟上來的其他人。

隊伍平安通過來到陣地，這一處陣地剛好跨過了哈爾科夫州－盧甘斯克州的交界線，象徵著烏克蘭不只反攻收復哈爾科夫地區，如今矛頭更深入了自二〇一四年頓巴斯戰爭後所失去至今的盧甘斯克州，揭示著戰爭從二〇二二年二月開打以來，原本一直採取守勢狀態、被動挨打的烏克蘭，開始燃起反擊的狼煙。至此，俄烏雙方的攻守形勢逆轉過來。

在這充滿意義的陣地上，卻可以看到烏克蘭士兵，悠閒地脫掉靴子躺在地上曬著太陽，有些甚至裸著上身把因雨淋濕的衣服晾在一旁曬乾。要不是旁邊還架著機槍、放著武器，我還真以為這是一群居住在森林之中的流浪漢。

看來烏軍是認為節節敗退，總是倉皇逃竄的俄軍無力再組織起有效的地面攻擊吧！

老樣子，在交接分配完防守位置後，已經被砲彈炸怕的我，抄起一旁烏軍留下來的鏟子，努力地把原本的散兵坑挖大加深，把周圍的土牆堆得更為厚實，還記取了教訓，不忘先把防水偽裝布拉成天幕，避免半夜又下起了雨，睡不了好覺。這次不用留守車輛，跟著一起來到陣地，睡在我旁邊不遠處的凱，早已看淡生死，隨便找好了一個淺坑，鋪好地墊就開始躺著閉目養神了。

夜半，隊員們一樣輪流放哨。

這一夜，除了不知敵我的大型無人機盤旋兩個多小時，發出嗡嗡的螺旋槳噪音外，是一個安穩且寂靜的夜晚。隔日，遲遲沒有收到進攻的命令，但下一輪接替的部隊已經到來。我們離開了陣地，循著原路，平安返回據點村莊。

向著任務目標行軍

泥淖前行的車輛

10月14日 保衛者的假期

二〇一四年俄烏爆發了頓巴斯戰爭，俄羅斯趁機佔領了克里米亞、頓涅茨克（Donetsk）和盧甘斯克等地區。

自此，俄烏間對立急遽加深，在開始產生衝突跟戰爭後，烏克蘭為了擺脫蘇聯時代充滿共產紅軍歷史的紀念日，於是時任總統的彼得·波羅申科（Petro Poroshenko）頒布法令，將每年的十月十四日訂為「烏克蘭保衛者日」（Ukraine Defender's Day），用來紀念為烏克蘭陣亡的將士，感念那些為烏克蘭而戰的所有人，讓國家和社會給予那些英勇的人們應有的悼念和尊重。

任務一結束回到村莊，排長蒂莫西去向連長報告任務狀況以及請示新的命令。正當眾人疲憊地走進屋裡放好武器裝備，就聽到蒂莫西從門外興奮的對我們大叫：

「嘿！大夥兒聽著，好消息，收拾好你們的行李，我們將要放假了！」

還沒從驚愕中反應過來，蒂莫西已經開始分配放假順序的人員。原來正值「烏克蘭保衛者日」，上面下令全營放假七天。我們前線村莊還是需要有人駐守，於是分成兩批輪流放假，到哈爾科夫市休假三天。聽到這個好消息，第一批放假人員包含我跟凱在內的隊友們，無不興奮地手舞足蹈，以最快的速度把需要的東西一股腦都塞進行李，跳上了車，疾駛前往哈爾科夫市。

——

從我們村莊前往哈爾科夫市，沿途盡是關卡跟檢查哨，儘管擁有軍人的身分，只要沒有官方的通行證或是暗語口令，根本是寸步難行。

途中必定要經過庫皮楊斯克市，過河的橋一樣還沒有修好，但在旁邊多了座用土堆跟鐵板搭起的臨時便橋，以取代原本狹小的工兵橋，供往來的車輛通行。唯一不同，當初橋上欄杆還漆著俄羅斯國旗的白藍紅三色，如今已經漆上象徵烏克蘭國旗的藍黃兩色，彰顯庫皮楊斯克區的完全收復。

不同於之前還處於一線戰區的庫皮楊斯克市區，街道上已經可以看到有一些平民陸陸續續返回家園，還有些沒有遭到砲火波及的小店、商家開始營業起來。

戰爭雖然無情，但堅強的烏克蘭人民還是頑強地在戰火下努力生存著。

通過了市區外最後一處哨點，我們再度返回了哈爾科夫市。

隨著哈爾科夫州全境的奪回，為周邊市鎮等居住地贏得了一大片安全緩衝區，遠離原本時時刻刻遭到俄軍侵攻的威脅。這消息傳出後，已經有不少民眾回歸日常生活，城市跟初來乍到相比，已經不再是一座空盪盪的死城，開始熱鬧起來，逐漸取回烏克蘭第二大城市該有的活力。

一進入市區，我們直奔預定好的旅館，各自先舒舒服服地洗個久違的熱水澡——雖然在之前醫院也可以洗澡，不過那簡陋的浴室實在稱不上是舒適——把積累一個月，不斷反覆穿著，上面沾滿汗水、泥土和血漬的衣物跟迷彩服交給旅館去送洗。

之後，大夥一起約在餐廳酒吧聚餐，暫時告別前線餐餐罐頭和口糧的日子，點上滿滿一桌的美食和美酒，痛快地大吃暢飲一番（前線規定不能喝酒）。誰也不知道這次過後，還能不能活到下次機會。晚上，酒足飯飽後，舒舒服服躺在鬆軟的大床上，滑著手機、開著電視，享受科技文明所帶來的幸福感，與前線的生活形成一股極大的落差。

然而，仍有不斷響起的防空警報提醒著，我們還正在打仗。

烏克蘭的黑土爛泥路

途經被摧毀的村莊

10月17日至10月22日 中場休息

三天短暫的休假一下就過去了。

脫離舒適的環境，又得重新回去面對殘酷的殺戮戰場。好在上頭給我們的「保衛者日假期」還沒結束，在那結束之前，都是處於待命狀態，不會指派新的任務，還要等待第二批休假人員放完假歸建，才會繼續作戰。

還有幾天的時間讓我們收心恢復，擺脫那有些過度糜爛的精神狀態。

所以，在回歸前線村莊的這幾天，排長蒂莫西沒有讓我們這群人整天閒著。每天早晨就把大夥挖起來做運動，下午安排各式各樣的訓練課程，包含小隊戰術、射擊、戰場急救、應付敵方無人機等各種訓練。剩下的時間則是個人的自由時間，蒂莫西沒對我們有太多的干涉，比起之前的鬆散狀態，這一週的生活作息，反倒更讓我覺得有令人熟悉的軍隊生活味道。

每到晚上，我跟凱都會藉著蠟燭微弱的火光，在漆黑的房間裡，利用大後方送來的各式罐頭，點上便攜式瓦斯爐，經過簡易料理，與戰友們一邊分享熱食、一邊談天說地，暢聊著自己的過去和對戰後未來的憧憬。

透過這樣每天的訓練，還有生活上的交流，使得來自四面八方，各個不同國家的隊友們，在歷經各種生死交關後，本來還有些生疏的關係，逐漸建立起深厚的革命情感。

在這平靜的生活下，殊不知，一段更為艱辛的戰鬥與充滿無盡別離的未來，正悄悄來到了眼前。

第四章

泥濘中的激戰

CHEN

10月23日 軋然而止的夜襲

為期七天的假期結束了，戰爭腳步不會因為我們放假而停止。與我們一同作戰的烏軍第九十二機械化旅（92nd Assault Brigade "Ivan Sirko"，縮寫92 OShBr）的攻勢依然沒有停歇。在休息整備的這段時間裡，接替了我們負責的進攻位置，歷經幾天的鏖戰後，以不小的傷亡為代價，成功擊退俄軍的守備部隊，奪回了克羅赫馬利涅村（Krokhmalne）。

好在幸運得到這段假期，不然按照原計畫，本該是由我們承擔這個損失。在場的所有人，包括我跟凱，又有多少人能夠平安的全身而退呢？

上午，蒂莫西集合我們排所有人，在傳達這個當前最新的戰況和消息後，意味著又要轉進到新的戰區。

果不其然，隨即又發佈新的命令，這一次的任務我們將在入夜後出發，由於此次的戰區更加危險，幾乎都在俄軍的火砲射程範圍之內。國際兵團並沒有提供足夠防護的裝甲運兵車輛，因而我們小隊必須先自行開車到達指定的地點，再轉乘烏軍的裝甲車前往戰區外圍後，徒步進入戰區。在到達一處新建立的陣地與守軍會合，最後藉由夜色及守軍的掩護下，悄悄向前推進戰線，並建立新的陣地據點，堅守24小時，等待後續部隊上來接替。

這是一個同時需要偵察加滲透，進攻兼防守的行動。在不知道敵軍準確位置和詳細戰場情況之下，只能以小部隊方式推進，同時又需要足夠的火力進行防守。根據此條件，開始選拔參與任務的人員。

商討過後，由排長蒂莫西擔任隊長親自帶隊。

隊員包含：一名持有槍榴彈的副隊長、一個兩人組成的機槍組、一個兩人組成的反裝甲組、一名醫護兵、一名狙擊手。

持有槍榴彈的我，也納編進了這次的行動小隊，分配在反裝甲組，除了負責槍榴彈的火力支援外，還幫忙背負RPG火箭彈，擔任輔助射手，最終組成這樣一個火力驚人的八人小隊。

夜晚，行動隊伍分別乘上車輛，向著集合點出發。為了保持隱密，避免被偵測到，車輛只能在不開車燈的狀態下緩緩行駛在黑暗之中。坐在副駕駛座的我努力盯著前方，幫開車的安納托利辨別路況，避免出意外。

望著前方沒有盡頭的黑暗，考量到這次任務必須深入敵境，光是在第一階段開車前往的路上就已經是困難重重，尤其在夜間執行任務的難度更不是白天能夠相比的。更何況我們還缺乏足夠夜視裝備，八個人手上只有兩具夜視鏡跟兩具手持式的熱成像儀，想到這裡不安的情緒便湧上心頭。

車隊停在一個靠近樹林的交叉路口，林間傳來陣陣裝甲車引擎所發出的低鳴聲，看來我們已經順利到達第一個會合點。蒂莫西讓我們先在車上等著，便獨自上前詢問現地的烏軍指揮官。

約莫十分鐘，只見蒂莫西一個人走回來，沒等到他讓我們下車把背包卸下來，只淡淡地說了一句：「回頭！任務取消。」

我沒有多問、也不想多問，在聽到任務取消後，反倒長吁了一口氣，轉頭用最簡單的話讓英文不好的安納托利理解狀況，把車掉頭開回村莊。

10月24日　頂著砲火前進

雖然夜間的行動取消了，但是任務依然必須繼續執行。只是這次改成白天行動，還是原班人馬，一樣的執行內容。

驅車來到昨晚的樹林路口，這一次烏軍的BTR-4裝甲運兵車已經準備好運送我們前往戰場。狹小的裝甲車內，由於車內燈壞掉，只有一片黑暗，引擎的噪音也讓溝通變得困難無比。在無事可做的狀態下，只能趁機閉目養神一番。

這段前往戰區的路途並沒有行駛太久，很快就聽到前方的駕駛吼叫著，說我們到達預定位置。坐在副駕的蒂莫西催促我們趕快離開車輛，坐在門邊的人吃力推開厚重的裝甲車門，大伙隨即慌亂跳下車。我是最後一個還在車上的人，趕緊把所有人的背包跟彈藥一股腦全部往外拋給隊友。確認沒有遺漏任何東西在車內之後，我也跟著跳出車外。在跳出來的一瞬間，隊友隨手關上了車門，裝甲車立刻加足馬力，揚長而去！

才剛一下車還沒搞清楚方向，就聽到此起彼落的爆炸聲響起，數發砲彈落在我們不遠處，在平坦的農地上掀起一片片黑土！

擔任副隊長的艾瑞克大吼：「所有人快動起來！我們得快點離開這個鬼地方，這個位置真的太狗屎了！」

蒂莫西跟著下令：「拿上你們的背包準備好就出發！跟著艾瑞克走，他會負責帶我們走到目標位置。」

艾瑞克一馬當先，帶著隊伍朝著目標地點行軍，我找回自己的背包跟RPG彈藥包後，緊跟著隊伍前進。我們逐漸遠離了砲火的籠罩，但一刻也不能大意，以樹林為掩護一路沿著林線前進。

秋季，是烏克蘭的雨季，由於連日的大雨，使得泥地變得泥濘不堪，經過車輛來回輾壓，路面變得更為崎嶇不平，到處都是坑坑疤疤，稍有不慎腳就會陷入泥巴坑之中，難以自拔，不然就是踩到濕滑的爛泥而滑倒，加上每個人幾乎都扛上將近五、六十公斤的裝備和武器，無疑是對體能的一大消耗和考驗。

這對前軍警出身的人還能挺得住，但對毫無軍事經驗的穆森就不是這麼一回事了。這個來自德國二十歲出頭的年輕小夥子，滿懷著一腔熱血跑到烏克蘭參加國際志願軍。在後方只接受過一、兩個月的軍事訓練就被送上前線，今天是他第一次參加實戰任務。

隊伍才前進一會兒，穆森就漸漸跟不上行進的速度。為了配合他的腳步，我們被迫冒著風險放慢步伐，甚至後來開始走走停停，得給他歇息喘氣的時間才能繼續前進。就這樣走了三、四公里，在連續幾次踏在爛泥巴上滑倒之後，穆森終於撐不住，無力地癱坐在路邊大口喘氣，直嚷自己不行了。

見此，蒂莫西不耐煩起來，衝著穆森大吼著：「快給我站起來！你現在是一個軍人，而不是一個該死的平民了！」

路程已經走了一半，不可能把穆森獨自一個人丟在這裡讓他自己回頭，只能強迫著他繼續前進。

我身上肩負的重量也不輕，有著RPG彈藥和槍榴彈，但依賴以前在法國外籍兵團豐富的行軍經驗，我有效地將物資跟彈藥都收納在一個背包跟防彈背心上，這樣空出的雙手才能夠隨時操作步槍射擊。

我看了看其他隊友，只剩下我還有餘裕能夠再多拿東西。在心中嘆了口氣後，二話不說，便上前拎起副機槍手穆森所負責的彈藥箱跟機槍的備用槍管。

穆森在少去大半的重量後，總算能夠跟上隊伍的腳步，但這可苦到我了。

額外又多出的十公斤重量，讓我的步伐也加倍沉重起來，每踩一步都因為重量的關係深深陷入爛泥，總要格外使勁才能把腳給拔出來。

我慢慢從隊伍中間落到最後面，與小隊拉開了一小段距離，好在有著跟我同病相憐、拿著步槍又背著狙擊槍的戴夫落在後面，還能夠彼此互相鼓勵，然後艱辛又緩慢地前進著。

連蒂莫西自己都開玩笑說：「我要跟指揮官說，看下次能不能把我們載近一點。」

歷經艱苦，隊伍總算來到烏軍的前線陣地，但真正的挑戰才正要開始。

——

陣地建立在平原間一條狹長的林線中，已經先行到來的烏軍士兵，早就挖好無數個零散錯落在樹林間的散兵坑。俄軍像是知道我們要來似的，小隊甫經踏入樹林，一陣陣密集的火砲就招呼過來。無數發就落在樹林旁的田野，飛濺的塵土如同暴雨般不斷打在樹木上，發出劈啪劈啪的聲響。

當下只能伏低身體，只想不顧一切擠進烏軍的散兵坑中。

走在前面的艾瑞克跟蒂莫西，得用盡全力嘶吼，才能自砲火聲中把聲音傳達給我們：「繼續前進！我們不能在這裡逗留！」

隊伍就這樣頂著猛烈的砲火在樹林中繼續前行，一路上蜷縮在散兵坑的烏軍士兵，用一種既景仰又看著瘋子的眼神，注視我們經過，還不時打招呼為我們這一群外國人加油打氣。

茂密的樹林如同隧道般，在頭頂和周圍形成一片綠色屏障，多少能夠抵擋一些飛石破片，給人些許的安心感，但也造成推進的困難——一邊要推開擋在身前的枝椏，還有一些被炸倒的斷木橫亙在路上。在無法移除的情況下，我們只能像一隻隻緩慢的烏龜，揹著笨重的裝備爬上爬下跨過障礙。負重最重的我與戴夫更是氣喘吁吁，縱使如此我們依然不敢停下腳步，因為只有儘快脫離砲火籠罩的區域，才能擺脫危險。

突然，一個類似石塊的東西，從空中落在我和戴夫之間的樹叢，一瞬間我們意識到這可能是無人機空投的手榴彈，不約而同一起大喊：「趴下！」並迅速臥倒，好在是一顆未爆彈又或者只是被火砲震飛的石塊，並未發生爆炸，但我們也不敢停留和查看，趕緊爬起身加快腳步，逃離這個鬼地方。

隨著身後的砲火聲越來越小，全員無損脫離危險區域，來到預定建立防線的地點。

這個地點位於烏、俄兩軍的無人區，貌似不曾有人佔領過的痕跡，也沒有遭到火砲轟擊過的跡象，仍舊是一片完好的樹林，顯得一派和平的景象。要不是地上有一頂遺落的染血毛帽，以及尚未凝固的血跡一路向著俄軍陣地的方向流去——推測應該是負傷的俄軍撤退回去的路線——提醒我們正身處在陣地最前沿、前線中的前線，隨時遭遇到敵人也不意外。

經過一個上午的行軍，大夥早已疲憊不堪，我們仍舊不敢多做休息。

蒂莫西立刻分配好所有人的戰鬥位置，指揮大家開始建立起防線並回報指揮官，大夥各自七手八腳挖起了散兵坑、開始構築陣地。

「快點兄弟，還不想死就快點把散兵坑挖好！」

「嘿！陳，平常在基地沒事的時候可以偷懶，但現在可不是偷懶的好時機，別停下來！」

「快動起來呀！不要停，如果還想平安回去的話。」

跟我安排在同一個位置的麥斯，我倆互相說著廢話、開著玩笑，但手上挖土的動作一刻也不敢停，聽著後方隆隆的砲火，誰也不知道砲擊何時又會落在頭頂上。就像挖土機一樣死命挖土，花了不到兩個小時，我們這組就最先挖好了足夠寬深的坑，開始坐在坑裡吃起了還沒吃的午餐。

巡視陣地的蒂莫西，看到其他人還沒挖到一半，我們竟然已經挖好，笑著對我們說：「你們實在太有效率了。」話音剛落，一個烏軍士兵就唰唰地從我們來的方向竄出來說道：「喔！謝天謝地可總算找到你們了。」

「你們的陣地太前面了！我的長官讓我來通知你們，讓你們往後撤一點，將防線建在我們陣地的邊上，才能左右互相呼應。」

說完跟拿出電子地圖的蒂莫西確認位置後，傳令的烏軍士兵又跑回去了。

蒂莫西看著我跟麥斯說：「很遺憾，雖然你們陣地挖得很好，但是我們得轉換位置。」

聽完麥斯臉都垮了下來，我倆縱使不情願也只能收拾好背包往回走，來到新的部署地點，重新劃分好防區，在百般無奈下又開始新一輪的土工作業。這次我倆連說廢話的力氣都沒了，上午的行軍跟下午的挖坑耗盡了我們的體力，兩個人都不發一語、埋頭苦幹，全身疲憊但也沒時間休息，留給我們的時間不多了，只剩下一個小時太陽就會完全沒入黑夜，屆時一片漆黑的夜晚實在不太適合繼續作業。

在最後一縷陽光消失在地平線後，熱火朝天的砲火聲也沉寂了下來，四周瞬間恢復成自然應有的寂靜，任何一點風吹草動跟聲響都將牽動敵我雙方緊張的神經。我只能挖起最後一鏟土，拍實周邊的土牆，一個小時的加緊搶挖只勉強挖出一個可以平躺的淺坑，縱然想繼續挖也沒辦法了。

比起白天的體力活消耗，夜晚較為輕鬆，但不同的是精神上的緊繃，黑夜總是讓人更加的缺乏安全感，縱使疲憊也不敢有一絲鬆懈，死命盯著對面俄軍防線，三不五時拿起熱成像儀，觀察樹林裡有任何可疑的舉動，找尋著俄軍陣地的確切位置，同時防範敵人可能的夜間滲透活動。

輪到我下哨休息的時間，躺在坑裡正準備睡覺的時候，「答答答——」的機槍掃射聲猛然響起。隨之而來的還有兩發子彈的破空聲，從我很遠的上方劃過樹葉，代表前面的隊友正遇敵、開始交火！

不過前方的機槍陣地離我還有一段距離，中間還被一片樹林擋住，讓我無從知曉前方的戰況，我又不好隨便丟下自己的防守位置，只能拿起步槍保持警戒狀態並為隊友默默祈禱。

短暫的交火後，槍聲很快就停了下來，也沒有傳出任何需要支援或是醫護兵的喊叫聲。

從這火力判斷，應該只是俄方的偵察小隊被我方順利擊退，我便又安心躺下準備繼續補眠。這時在前面擔任機槍副手的穆森跑了過來，跟我報告了前線的戰況，果然與我猜想無誤，他此次前來是需要槍榴彈的火力支援，身為反裝甲組的我的確是不太需要槍榴彈，我們便交換了步槍，還交給穆森兩袋槍榴彈的彈藥。

這之後又發生兩次小規模的駁火，除了機槍跟步槍開火之外，還多了好幾發槍榴彈爆炸的聲音。與之相比，我們負責的側面防線倒是一點動靜都沒有，面對那開闊的平原，應該沒有俄軍會傻到從這個方向衝過來。

按捺不住的麥斯，早就丟下我跑去前面加入戰鬥，留我一個人孤零零坐在散兵坑，仔細聽著前方傳來的各種動靜，數著槍榴彈傳來的一聲聲爆炸。就在第三次駁火的時候，最後一發爆炸聲響起，我知道他們已經打完我給的兩袋榴彈，立即從背包裡翻出備用的彈藥，趕緊拎著跑去支援。

來到機槍陣地，天色也慢慢亮了起來，想著接下來或許會有更猛烈的進攻，蒂莫西讓我也留下來，後方就交給狙擊手戴夫還有醫護兵卡利警戒。

我們遭到砲擊

陣地周圍遭到砲擊

側寫（三）烏克蘭戰場上攜行的個人裝備（2）背包、裝備使用邏輯

背包：

現代作戰都是機械化部隊為主，尤其要在烏東大平原進行長時間（三天以上）的突擊滲透或是行軍幾乎是不可能的。所以會是以一般的戰術背包（小於六十公升）為主，不會選擇大容量的行軍背包（超過七十公升）。

過大過重的背包不只作戰不方便，更會讓車輛有限的空間裝不下，還會增加體力的耗損。

背包內容物：

除了放進前一篇所提到的備用彈藥跟醫材，有時放上了工兵鏟之後，背包其實已經沒有太多的空間，所以還是以物品的重要性為優先考量。

依序放進夜視鏡或是熱成像儀、備用的各式電池、該次任務可能需要及其他備用器材（基本上都是些小東西），最後才是飲用水跟糧食。

水的量就依照任務性質、天數以及個人的飲水量來分配。由於烏克蘭平均氣溫不高，較少會流汗，通常一天我只會攜帶一公升的水，還能減少上廁所的頻率（在戰場上每次上廁所都是一件危險的事）。

當然以台灣夏季這樣炎熱的天氣，一日至少需要三至五公升的飲水（依照個人飲水量）。

糧食也是盡量壓縮到極致，只以維持能量為目標，不以填飽為條件。笨重的 MRE 就不會是我考慮的首選，大部分都是攜帶輕便好食用的食物，如：能量棒、巧克力、高蛋白棒、壓縮餅乾、花生堅果類、水果乾、肉乾香腸類再佐上綜合維他命，這樣要應付二至三天的任務都沒有太大的問題。

最後的防雨、防雪、保暖衣物等則是視情況攜帶。在任務前應當留意天氣預報，再決定是否攜帶相關裝備，不然在用不到的情況下只會增加身上的呆重。

平時可以攜帶一件雨披或是防水帆布，除了突然下雨可以遮雨外，還具備偽裝個人或是陣地、保暖防風的功能。

我的背包撇除掉彈藥跟醫材、基礎的糧食和水、睡墊以外，就沒有其他的大物件，能越壓縮到多輕就多輕。睡袋、火爐之類的非必要品完全不會是考慮的選項，畢竟打仗不是來郊遊，我寧願在野外過得沒那麼舒適，也不想帶太多重物增加負擔。

當然，在你體能可以負荷的前提下，你還是可以攜帶無關任務的東西。

裝備使用邏輯：

我背包裡面會準備兩個水袋，一個放在背包的水袋夾層裡，另一個則是放在專門的水袋背包裡。

這麼做的好處是分配到執行進攻任務的時候，進攻前我可以將背包放下，只要拎起榴彈袋跟火箭筒，最後揹起水袋背包即可。

水袋背包除了一日飲水外，剩餘的空間會裝載額外更多的手榴彈、彈匣、能量棒等物，充當突擊包使用，讓自己移動更為敏捷快速，方便戰場上的機動轉移。

根據前述裝備文的「人身部品篇」，我的腰封上會有四個彈匣、二顆手榴彈、一顆煙幕彈，以及一條止血帶和彈匣回收袋。

在需要輕裝偵察或危急狀況緊急撤離的時候，我就會脫下背心跟放棄背包，並拆下背心上的個人急救包（ＩＦＡＫ），揹上水袋背包進行偵察或是撤離。

10月25日　神速之名

太陽再度爬升，令人緊繃的夜晚過去了，不知道該說遺憾還是運氣好，之後的一整夜直到天亮俄軍都不曾再派小部隊前來騷擾。環顧四處散落著滿地彈殼，足見昨晚交火之激烈。

簡單吃過早餐後，無線電傳來新的消息，準備接替我們換防的部隊已經在路上。蒂莫西聽聞後把這個消息傳達給所有隊員，讓所有人整理好背包做好隨時能夠撤離的準備。

約莫兩小時後，前來的部隊用無線通知即將到達，這次接送車輛的會合地點就在烏軍樹林陣地的最末端附近，離我們的前線陣地只有五百公尺左右，終於不用頂著砲火走上那麼長的一段路。想到這裡大夥都提起了精神，邁開振奮的步伐循著原路離去。

縱使距離不長，難走的樹林加上昨日的消耗跟一夜幾乎未眠，還是讓穆森體力完全吃不消，原本在隊伍前頭的他停下來大口喘氣。

穆森：「你們先走不用等我，讓我休息一下馬上就會跟上隊伍。」

想著離目標剩沒多少距離，我們也沒想太多就由他去了。

一走出樹林，就看到烏軍的BTR-4裝甲車正停在空曠的路口，來接替的是同為B連的第三排士兵。才剛從車上跳下來並與我們擦身而過，在彼此打氣互道祝福後，就逕直地走進樹林陣地，而接應的烏軍駕駛一看到我們的出現，趕緊大吼著要我們趕快跑過來上車，在這樣毫無掩蔽的空曠處久待的確是相當冒險。

在烏軍的催促下，全員一同跑向裝甲車，甚至還比起賽跑看誰先跑到。正當大夥都在甲車邊到齊，還邊笑著邊喘著氣時，只有艾瑞克回頭一望，突然意識到問題：「不妙！有人看到穆森嗎？」這時候大家才意識到這個可怕的問題，一瞬間不約而同地想到穆森或許還留在樹林裡，忍不住互相飆出髒話！

就在這電光石火間，我想也不想就把背包脫掉丟給隊友，只留下一句「我回去找他！」就獨自一人，頭也不回地跑回樹林裡尋找穆森的蹤影。果不其然，發現穆森還坐在他剛剛停下來休息的地方！

我忍不住憤怒對他吼叫：「你想害死我們嗎？！大家都在等你一個人，我們必須儘快離開這個地方！」

還沒等他回答，我便一把將穆森拽起，搶過他負責的彈藥箱跟步槍，從後面推著他直奔回車上。

衝出樹林，看到大家都已經上了車。由於車內空間不夠，還有些人被迫坐在車頂上，一看到我們出現就不斷揮手大喊：

「該死的傢伙！快跑呀！」

「不要停下來！」

說時遲那時快，俄軍或許是發現我們的存在，一波砲火開始往我們這邊招呼過來。一發發砲彈落在我們身後不遠處，望著明明距離不到一百公尺的裝甲車，看起來卻猶如一公里般遙遠，我倆只能沒命般地狂奔。

跑到一半穆森實在快跑不動了，半路打算把背包就地拋棄，當下我也沒想那麼多，順手抄起他的背包背了起來。縱然如此，我還是超越了穆森比他多快幾步趕到裝甲車邊，看到車裡面只剩下一個位子，料想穆森肯定沒有力氣爬上車頂，便把他的背包、彈藥箱跟步槍一股腦全部甩進車裡，然後用盡最後一絲力氣爬上車頂。

剛登上車頂回頭一望，穆森也剛跑到車邊，正被大家七手八腳拉進車裡。眼見全員都上車後，連車門都來不及關，駕駛便猛踩油門用最快的速度逃離，剛一離開，砲火便落在裝甲車原本停留的位置，真的只要再慢一步，我們就要死在此地了！

———

最後有驚無險平安脫離前線，剛從鬼門關逃離的我們，彼此相識一笑，發出得意的笑聲，蒂莫西更說出了：「我們都會死，但不會是今天。（We will all die but not today）」這樣一句話。

這就是我們這一群國際志願軍最好的寫照，我們雖然看淡生死，但也不會隨便輕易去死，只要還有生存的機會，我們便會竭盡全力的在戰場掙扎並努力活著。

經此一事，我的英勇行為為我贏得一個新的代號「神速（High Speed）」。

穆森因為這次荒腔走板的表現被下放到後勤管理，但他也找到在團隊中的定位，至少在擔任後勤職務的時候，把工作打理得井井有條。日後每當穆森提及此事，都會不斷感謝我當初義無反顧地跑過來救他，並說當時的我在他心目中就如同英雄一般！

撤離時
穆森沒有跟上來

10月26日　冰冷的鐵雨

由於我們B連目前剩兩個排在執行任務，導致連隊負責的區域陣線變得只有兩個排的兵力在輪流固守，每排負責二十四小時。第一天第一排、隔天第三排、第三天又回到我們一排……以此類推。

所以才剛有驚無險脫離前線的我們，在經過一夜的休息後，隔天就必須再度整裝上陣。同樣的據點、同樣的防守任務，不一樣的是，出任務的成員增加到十人，凱也加入陣容之中成為第二組機槍手。

或許是前一天俄方小隊的多次滲透失利，連續兩天第三排跟我們都沒有遭遇到任何敵襲，只剩下雙方的火砲依然不停歇地互相砲擊。但這些似乎與我們這塊戰線上最突出的陣地一點關係都沒有，每次皆能平安順利完成交接換防。

二十六日上午，部隊第三次換防，天空正下著大雨，每個人都被迫泡在充滿積水的散兵坑內，全身又濕又冷，渾身難受。縱使做好萬全的防水措施，但寒冷的溼氣依舊隔著防水衣物滲入每一寸肌膚，讓人冷得喪失想要動作的力氣。

避免一直淋到雨，只見大夥都躲在防水帆布搭成的天幕下不想動，沉默地不發一語，只是靜靜聽著雨水打落在帆布、樹葉上的聲音，而猶如背景音每日不停播放的砲火也意外停歇了下來。整個戰場因此顯得格外安靜，反倒讓人覺得很不習慣。

最先打破這個沉默氣氛的是狙擊手戴夫，這幾天總是背著笨重的狙擊槍，但是連拿出來的機會都沒有，只因茂密的林間讓他毫無用武之地。這一次他總算把狙擊槍掏出來，表示要到旁邊視野比較好的烏軍陣地，看能不能發現對面樹林裡的俄軍陣地，順便帶走一、兩個俄軍。在得到蒂莫西的首肯後，便拉上跟他同一國的芬蘭人卡利去尋找適合的狙擊點，餘下的人繼續無聊地看守防線。

寧靜中傳來兩聲清澈的槍聲，響遍整個戰場，「看來戴夫發現獵物了！」其中一個戰友這麼說道。不久戴夫跟卡利的芬蘭二人組回來報告情況，說在對面的樹林裡發現有俄軍士兵，並對他開了兩槍，可惜並未擊中。

但也推測出俄軍陣地的確切位置應該就在那邊，看來這次的行動還真的有所斬獲。聽聞此事的副隊長艾瑞克便拉上我，前往戴夫他們之前待的狙擊點進行二次偵察。我倆用一個巨大的彈坑作掩護，趴在裡面用望遠鏡反覆觀察五百公尺外的俄軍位置，顯然俄軍士兵忌諱狙擊手的存在，再也不敢貿然離開壕溝。艾瑞克頓時心生一計，拉來一挺機槍組部署在狙擊點不斷對俄陣地掃射，再找來凱跟麥斯加上我跟艾瑞克四人組成突襲小隊趁機向前推進。

突襲小隊藉由機槍跟樹林的掩護，順利前進一段距離後，我看了看手機上的電子地圖，確認距離俄軍陣地僅剩三五〇公尺後，示意艾瑞克我們已經到達預定位置。三五〇公尺，這是四〇公厘槍榴彈的最大射程，艾瑞克設定手錶計時後說道：「三十秒，我們有三十秒的時間對著俄軍陣地發射榴彈，不論打出多少發，只要時間一到我們就立刻撤離。」

說完就拿出身上所有的榴彈整齊擺開，麥斯和凱負責掩護，隨著艾瑞克一聲令下，我跟他就開始瘋狂發射槍榴彈，裝彈—射擊—裝彈—再射擊，不斷重複機械式的動作，追求在最短的時間內完成最大量的攻擊。在短短的三十秒內，我們榴彈組總共向敵軍拋射出二十一發，榴彈猶如雨點一般，密集落在俄軍頭上。此起彼落的爆炸聲跟火花閃爍在樹林間，跟機槍組掃射出的子彈，交織成一片由金屬彈頭鑄成的致命風暴！

「時間到，該是時候離開了！」

為了避免被敵軍鎖定和反擊，艾瑞克示意在前方的麥斯和凱準備脫離，小隊頭也不回，迅速撤回原本的陣地，圓滿完成這次臨時起意的突襲行動。相信這一波突如其來的打擊，肯定讓陣地上的俄軍措手不及，對敵方戰線造成不小的壓力。

連夜的大雨也讓戰線上的我們不太好受。入夜，氣溫降到接近零度，加上全身濕漉漉，更讓體感溫度來到零下，溼透的睡袋毫無任何保暖功能，讓人難以入睡。半夜時分的放哨，還可以聽到來自壕溝裡隊友因寒冷而發顫的聲音，也可以聽到暴躁的艾瑞克睡到一半受不了把睡袋踢飛、摔著頭盔低聲咒罵。為了避免失溫和患上戰壕足，我跟烏克蘭人安納托利三不五時都會站起來動一動、做做體操，促進血液循環、緩解手腳的麻木感，才能熬過這令人苦不堪言的夜晚。

——

清晨，天剛露出魚肚白，代表最難熬的時間總算過去，一夜的痛苦難眠，讓許多戰友早早就清醒過來。這時候卡利從背包裡「變」出一個完整的生日蛋糕，說要慶祝一位不在場戰友的生日。

卡利的醫療專業無庸置疑，但為人平時就有點瘋瘋癲癲，沒想到這老兄竟然背著蛋糕來到前線慶生！雖說身處於戰場上，苦中作樂的幽默感還是要有。我們就這樣幫不在場的主角，在雨中唱著「生日快樂歌」。大夥用髒兮兮的手抓著蛋糕分了起來，看著臉上混著黑色的爛泥和白色的奶油，形成一道鮮明的對比，眾人不禁相視大笑，度過一個畢生最難忘的生日派對。

10月29日 犧牲在所難免

路上遇到被擊毀的
俄軍坦克
及陣亡的車組員

在大雨壕溝中

二十八日，第四次再度回歸前線。在艾瑞克的帶領下我們原班人馬又執行一次「榴彈突襲行動」，結果依舊圓滿順利，一樣送出二十多發榴彈到俄軍陣地，打擊敵方防線。

二十九日，在壕溝中度過寧靜的一夜，早上負責接替的三排早早就來換防。一位波蘭戰友來到我的散兵坑旁向我問好，在彼此簡單的交流一下現況後，我便拎起步槍跟背包把坑位讓給這位戰友，跟隨隊伍離開樹林走向會合點準備撤離前線。正當所有人都登上烏軍接送的裝甲車時，蒂莫西的無線電傳來一陣三排求救的急呼，說有傷兵需要支援。坐在車門邊的艾瑞克趕緊帶上包含凱在內的四名隊友前去支援，剩下的人則坐在車內待命。

沒多久，一名隊員急急忙忙跑回來說他們人手不夠、需要支援，還不等蒂莫西讓所有人前去支援的命令說完，眾人早已匆忙跳下車火速前去支援。

一靠近現場，遠遠就看到凱跟另一名隊友正在抬著一名裸著上身的男子吃力在泥淖堆中前進。看到支援到來，凱他們累得把「人」放在地上便癱坐下來，這時艾瑞克從旁邊的樹林鑽出來，簡單報告最新狀況，原來在我們離開不久後，陣地便遭到俄軍的砲擊，同時還有步兵攻擊，三排有兩名戰友遭到火砲殺傷，其中一個沒多久就斷氣了，另一個還在樹林裡的陣地急救，現在我們要先把陣亡的戰友抬回去車上。

凱他們抬著的，正是那位陣亡戰友的屍體！

我從口袋掏出網狀擔架鋪在地上，眾人七手八腳將屍體移到擔架上後，便抬著屍體向裝甲車方向前進。即便我們全部人都上陣輪流去抬，雨後的爛泥地讓我們走得備感艱辛，五百公尺的距離硬是耗上不少時間才走到，但沒想到本來應該接送我們的裝甲車卻消失了！

經蒂莫西透過無線電詢問，才知道烏軍裝甲車為了躲避砲擊丟下我們先跑了！我們只能先藏身在旁邊密林掩護，等待甲車回來接應。期間，俄軍無人機嗡嗡地在我們附近空域盤旋偵察，雨點般的砲彈炸在甲車原本停留的位置，看得我們面面相覷，想著等下還需要後送的傷患該怎麼辦？

此時一輛悍馬車無畏頭頂的砲火向著前線陣地急駛而來，很快又載著傷患衝出火網。俄軍追擊的砲火來不及修正，只炸在悍馬車行駛過的路上，想必應該是附近的烏軍特種部隊前來救援。正因為此一英勇的舉動，讓我們不用再冒著危險回去把傷患用人力給拉出來。

一段時間後，轟炸我們的砲火逐漸遠去，烏軍裝甲車才又開回來載著我們和屍體脫離戰場。行至半路，已經有醫療救護小組在路邊等待。然而，他們等到的不是要搶救的傷患，而是又一具冰冷的屍體。現場一片沉重氣氛，我們小心翼翼將戰友搬出來放進黑色屍袋，然後目送救護車離開。

在戰場上一個生命的消逝就是這麼容易發生……。

裝甲車上
抬下戰友的遺體

10月31日　危險無處不在

休息一天後，小隊重回陣地，回到我原本的散兵坑前，看著坑內還殘留著一灘鮮血，前天那個因為砲擊不幸陣亡的戰友就是跟我交接位置的波蘭人。他剛好在離開坑站起來的時候被落在附近的砲彈破片擊中，導致大量出血而當場陣亡。看著草叢中還遺留著他帶血的背心，令人不勝唏噓。想著要是我們再晚一點離開的話，那變成屍體被人扛出來的會不會就是我？

我把綁在他背心上一條藍黃色象徵烏克蘭國旗的絲帶給取了下來，繫在自己的背心上，一旁的麥斯不解地問我在做什麼？我答道：「雖然我不知道他的名字，但是我會代替這個人繼續戰鬥下去。」這條絲帶伴隨我度過在烏克蘭的戰場。從這次開始，爾後只要遇到隊友陣亡，我就會從他們身上取下一件東西帶在自己身邊，一來是繼承這些英勇戰士的意念，二來是時刻提醒自己在戰場上隨時保持警覺。

才剛把坑內的血跡用土蓋掉，準備轉移的命令就下來了。透過無人機小組的偵察回報，發現俄軍似乎棄守之前被我們用榴彈轟過的陣地。指揮官要我們前去確認並佔領，於是乎這將是我們這次新的任務。

由於有過前兩次滲透推進的經驗，比起其他隊員較為熟悉前往敵區的路線，毫無懸念自然又是由我、凱、麥斯、艾瑞克的四人突襲小組負責擔任開路先鋒。途中還在路邊發現疑似撤退的俄軍用RPG製成的土製陷阱炸彈（IED），在示意後面的隊友後，我們謹慎地繞過陷阱，展開隊形小心翼翼在樹林中前進。

順利與先行到達的烏軍小隊會合。他們剛佔領北邊樹林的舊俄軍陣地，對我們準備前往佔領的東邊陣地跟側翼進行掩護，在即將去掃蕩俄軍陣地前，也不知道會不會遭遇到敵人，領隊的艾瑞克示意突擊組先放下背包，輕裝就戰鬥準備。

來到俄軍陣地，連一個人影都沒有看到，只有俄軍留下的大大小小壕溝跟散兵坑，還有滿地垃圾。經過我們前後仔細搜查，發現除了部分俄軍帶不走的彈藥跟一把壞掉的AK-74之外沒有什麼特別之處，看得出俄軍走得很匆忙。在確認安全後就用無線電呼叫後續隊員過來，在隊友都到齊開始重新加強壕溝建立防線的時候，蒂莫西派我回去把突擊組的背包給收回來，我想著後面有隊友掩護，旁邊側翼有烏軍掩護，回去應該很安全，回收裝備不過就是件小事，於是便孤身一人走回去回收背包。

正當我這麼想的時候，剛走出樹林沒幾步，突然瞥見烏軍陣地方向的樹林裡，在距離我約不到五十公尺的位置，竄出一隊七、八人的步兵班，雙方頓時楞住，都不約而同停下腳步定在原地看著彼此。我心想：「這是烏軍嗎？他們剛剛是在這個方向建立防線，但是他們並沒有纏識別膠帶，該不會是……？！」

可怕的念頭才剛要浮現的時候，一聲用英文大喊：「敵人！」加上同時響起的一聲槍響，才打破了這個僵持的局面。

「是俄軍！」我內心大聲咒罵著，跟我對視的俄軍小隊正準備撤離，但沒有跟側翼的俄軍做好溝通，不知道友軍早就丟下他們逃之夭夭，也沒發現我們和烏軍已經推進到他們陣地前，就這麼大剌剌地走出樹林撤退，才會發生這詭異的一幕。

看著周圍都是空曠處，我只能往後一滾，翻到一個天然形成的小土坡後面利用地形差做掩護。這一瞬間，俄軍也壓低了身子鑽向旁邊枯萎的向日葵田裡躲藏並反擊，頓時爆發激烈的槍戰。隊友所在的樹林裡，傳來此起彼落的步槍射擊聲跟機槍掃射聲，而後知後覺的烏軍隊伍在聽到槍聲後，很快也加入戰局，兩邊形成一道交叉的火網包夾住俄軍小隊。

估計俄軍還搞不清楚敵人在哪裡，就全部往最後看到的我不斷掃射。我剛一翻身躲好，大量的子彈就朝我招呼過來，子彈尖嘯的破空聲咻—咻—咻—地，不斷劃過我的頭頂。土丘太矮，我只能死命壓低身子，連頭都抬不起來，心想著必須反擊，我便開始用槍榴彈往俄軍大概方向不斷轟去，直到打光身上攜帶的十發榴彈，朝我射擊的火力才弱了下來，我稍微抬起身子用步槍朝著向日葵田中連續射擊。打光兩個彈匣後，就聽到蒂莫西大喊：「停火！停火！」包括烏軍跟我們槍聲才漸漸平息下來。

趁這個喘息的空檔，我起身立刻跑到樹林裡跟隊友會合，看到蒂莫西剛確認完我方無人傷亡，他回頭看了我：「嘿！High Speed 你在這裡呀！沒事就好，剛剛去拿背包的時候有沒有遇到敵人？」

「我遇到敵人可多了呢！還全都朝我打，沒死都算命大！」

在跟蒂莫西訴說完我剛剛的驚奇遭遇後，令他咋舌不已，隨後我就待在蒂莫西旁邊透過望遠鏡對田中的俄軍觀察，在一段時間後蒂莫西問道：「有沒有看到什麼東西？」我表示向日葵太高什麼都看不到，於是他知會隊友，並透過無線電通知旁邊的烏軍後，對我說道：「走吧！我們一起出去看看情況。」

我倆就這樣走出樹林，這時旁邊的樹林也走出兩個手持ＡＫ的烏軍士兵，彼此互相打過照面，一同走向最後看到俄軍的位置。

經過勘察，一共發現有三具俄軍屍體，皆當場陣亡毫無生命跡象，身上的傷口還正汩汩地不斷冒出鮮血。也不知道在剛剛的亂戰中，這些俄軍到底是被誰給擊斃的，旁邊凌亂被壓倒的向日葵叢被踩踏出一條路徑，顯示餘下俄軍逃跑的方向，面對遠遁而去的殘兵，我們並未深入追擊，只是搜查眼下的屍體尋找有用的情報。

不喜歡摸屍體的我把搜屍的工作交給烏軍士兵來做，我則在旁邊幫他警戒周遭狀況，只見那個士兵很熟練的把俄兵步槍移開，把背包裡的東西全部都倒出來，身上口袋都摸了個一遍，搜走了所有彈匣跟身分證件還有手機，還指了指地上的東西表示我有什麼想拿的都可以拿走。看著滿地散亂的雜物，有食物、衣物、盥洗用具等五花八門，見都沒有什麼有價值或實用的物件，我就從中撿了一把刺刀作為戰利品。

跟烏軍士兵道別後，我回頭找蒂莫西，沒想到這短暫的空檔蒂莫西已經跟另一個烏軍建立起友誼，還一起玩起自拍跟屍體一起合照，他還撿了一把AK-74步槍回去跟大夥報告戰果。這小小的勝利也足以讓眾人興奮一番，說著這是為死去的戰友報仇。

但開心歸開心，該挖的防禦工事還是得挖，縱使剛剛鬼門關又走一遭，挖土的工作還是不能停下來。

今年的第一場初雪降下，天氣又更冷了一些。

等待裝甲車接送

等待裝甲車接送(2)

坐裝甲車出任務

11月1日　交火、交火再交火

半夜，我正窩在散兵坑中淺眠，一陣低沉的裝甲履帶聲跟轟隆隆引擎聲，從俄軍方向傳來，負責放哨的隊友聽到之後，立刻大喊：「車輛！有車輛靠近，大家快起來！」

正當大夥剛翻起身，還來不及反應的時候，一個巨大黑影（推測是BMP步兵戰車），伴隨著令人戰慄的轟鳴聲一路開到我們陣地旁邊。躺在坑中本打算坐起的我，只見那龐然大物朝我衝了過來，我的坑位剛好就處在最靠近裝甲車的位置。

毫無反擊之力的我，只能死死趴在坑內，聽著履帶聲離我越來越近，祈禱不要被俄軍發現，要是俄軍朝樹林裡的我們用機砲掃射，分分鐘就能把我們化成一攤肉泥。在面對擁有強大火力和堅實裝甲的鋼鐵巨獸前，人類的血肉之軀只顯得無比脆弱。

在裝甲車開過身邊最近距離不到三公尺的時候，我還能看到車上的車長正探出整個身子指揮駕駛前進，好在透過茂密的樹林跟黑夜掩護，再加上BMP落後的夜間觀瞄系統，俄軍並未發現他們經過的樹林側正藏著一隊士兵。裝甲車毫無顧忌地繼續往前開，直到行駛至我們與側翼烏軍陣地的交界處（也是我早上遇敵的地方），烏軍的連續開火才阻止了裝甲車的前進，其中包含我們一位隊友，也對著裝甲車開了幾槍。

窩在坑中的我一發現裝甲車停了下來，接下來裝甲車應該就會開啟艙門，放出步兵下車開始反擊，等他們衝進樹林中首當其衝的又將會是我。我抓起步槍躺在地上瞄準俄軍可能會衝進來的方向，準備拚死一搏進行近距離戰鬥，想著我今天可能就要在這裡交代了。

正當我這麼想的時候，俄軍做出令人意想不到的舉動，他們竟然開始倒車！

裝甲車又循著原路朝我們的陣地開過來。

「莫非他們發現我們的位置，要開回來掃射樹林？」

一想到這裡，我又嚇得趕緊趴回地上一動也不敢動，等著裝甲車機砲的怒火從頭頂降臨。俄軍卻再度做出跌破眼鏡的決定，他們停都不停就這麼頭也不回地跑了！

裝甲車剛一倒退出我們陣地旁，隊友們不約而同地對俄軍開始一連串的射擊。我也起身在黑暗中摸索著找到我的AT4反裝甲火箭，打開保險要衝出樹林射擊的時候，距離較近的麥斯已經搶先我一步衝出，操作RPG對著裝甲車就是一發，「碰」的一聲爆炸伴隨著火光，炸在裝甲車旁邊，一看一擊未中，我正準備衝出去接替麥斯的位置時，身後的艾瑞克大吼著：「麥斯！太危險了，快回來！」瞬間止住我的衝動，但上頭的麥斯猶如沒聽見一樣，裝上第二枚火箭彈又是一發打過去，可惜已經超出有效射程依然未能擊中。相較之下，麥斯幸運沒有遭到車輛反擊，或許是俄軍只顧著匆忙逃命吧！

很快周遭又恢復夜晚應有的寂靜。經此一番折騰，眾人也都沒了睡意，一直熬到天亮，防範敵人可能的二次進攻。

天剛破曉，微微的天光從林間滲進來。

坐一整晚全身感到僵硬，我起身動一動，走到凱所在的機槍陣地，打算聊個天順便吃頓早點。還沒坐下聊多久，我就瞥到樹林外有幾個鬼鬼祟祟的身影正沿著林線摸了過來，我小聲跟凱說了聲：「有敵人。」隨即拿起身旁的槍，示意凱等敵人靠近一些再一起開火。滲透過來的俄軍絲毫未察覺林中已經有槍口對準他們，正一步步踏進鬼門關。

十五公尺、十公尺……等著敵人緩緩靠近，我們倆如同躲在陰影中的獵人，盯著即將到手的獵物。就在這屏氣凝神的瞬間，另一側的隊友也發現這幾個滲透過來的俄軍，可惜隊友沉不住氣，一看到敵人就急忙著大喊並開槍，嚇得這幾個俄軍立刻臥倒躲藏。看到最佳良機錯失，凱只能架起機槍跟著隊友一起開火。

由於敵人又鑽進茂密的向日葵花叢，看不到目標的隊友只好朝著大概的方向射擊，找好掩蔽的俄軍也不甘示弱反擊過來，但無法確定確切位置，雙方都是互相盲目射擊，子彈如密集的雨點般窸窸窣窣地穿過樹葉。

見此情形，我決定再來幾發槍榴彈轟炸，由於距離太近（榴彈有保險，距離太短不會爆炸），加上前方都是茂密的樹林，我不斷轉換適合的位置發射榴彈，甚至冒險探出樹林外開槍。

「咻——，」一發子彈打在我的腳邊，再差幾公分就會擊中我。跟我一樣大膽探出去開槍的隊友與我相視一眼後，倆人吐了吐舌頭便縮回林中陣地。此時對方的火力也停了下來，看來是被我們給擊退。在我跟著艾瑞克等人出去探察之後，遺憾並沒有發現俄軍的屍體。

在經過昨天到今天三次的交火，很多人的彈藥都快要告罄，尤其是機槍，只能全員均分彈藥，好在現場還有之前俄軍撤退時留下來的各式彈藥，我趕緊幫凱一起給機槍的彈鏈串上子彈，再加上蒂莫西撿回來的AK步槍戰利品，交給一位前羅馬尼亞士兵的戰友使用，這樣就少了一把需要一起均分五．五六公厘彈藥的M4步槍，至少讓每個人還保有五至六個步槍彈匣可用。

重新補充完彈藥後，又遭到一輪攻擊。不過這次是來自另一個方向的俄軍陣地，距離我方約九〇〇多公尺。看來是之前逃回去的俄軍回報，但對方還是無法鎖定我們的位置，只是單純用機槍來回對可疑方向進行掃射，稀稀疏疏的子彈完全對我們構不了威脅和傷害。蒂莫西下令不要對敵人反擊，只需各自躲好，避免暴露位置和彈藥的浪費。

不久，三排的戰友前來輪替，看著數千枚的彈殼散落在陣地各處都驚訝不已。凱走之前還對剛加入三排的日本新人打趣著說：「你最好再把散兵坑挖深一點！」

其中一次交火

戰場上的早晨

滿地的彈殼

11月2日　死亡之路

經過數十天的進攻後，我們總算成功將前線陣地推到距離目標城鎮不到五百公尺的位置。

諾沃塞利夫斯克（Novoselivs'ke）這座位於盧甘斯克境內的俄佔城鎮，不僅坐落在P07公路旁[3]，同時還是有鐵路跟火車站的重要交通樞紐。烏軍和我們的連日進攻就是為了打通進攻城鎮的道路，離準備發動總攻擊的日子越來越近了。

具體進攻的時間仍是機密還未正式發佈，但進攻前的前置作業跟任務正如火如荼地展開。這次收到的任務，除了固守原本的陣地外，還要求我們排把陣地前方之前烏軍設下的反戰車地雷給撤除，以利後續烏軍車輛的進攻。

回到昨天最前線陣地換班，三排的戰友或許是被我們頻繁的交戰驚愕到，才不過一天的功夫，許多簡陋的散兵坑都被加挖得又大又深，還連成一條條的壕溝，不得不佩服他們挖土效率比我們這群懶惰的一排強上太多，尤其日本人的壕溝更是深得還需要樓梯才爬得上來！

三排既然幫忙防禦工事挖得這麼好，倒也省下我們繼續加固的功夫，立即由「衝鋒隊長」艾瑞克帶上包括我在內的四名隊員前去進行排雷任務。

說起來這任務也沒什麼困難，我們分成兩組，一組負責警戒，一組負責把地雷從樹林外給搬進來，三兩下就把任務給輕鬆搞定。甫一回到陣地準備回報給蒂莫西任務完成時，突如其來的交火聲從側翼的烏軍陣地傳來。聽起來比我們前日三次交火的戰況加起來還要更為激烈，機槍幾乎發出不停歇的怒吼，短短幾分鐘就消耗數千發彈藥。在我們還在尋思這情況不尋常的時候，無線電就傳來求救的訊息。原來一個數十人的烏軍小隊遭到三、四十名俄軍步

3 編註：現改稱 H26國道。

兵的猛烈進攻，他們有三名士兵受重傷急需醫療跟火力的支援！

排長蒂莫西當機立斷，只留下兩組機槍留守陣地，餘下的人和醫護兵卡利則由艾瑞克帶隊前去支援。沒多久，就看到一名滿是血汙的烏軍士兵從樹林裡走出來，他兩隻手臂都被綁上止血帶，無力地垂在那邊搖晃。急性子的艾瑞克立刻攔住他問：

「戰況如何？」

「傷兵有幾個？」

但那個烏軍痛苦地語無倫次，根本不知道在說什麼，兩個人雞同鴨講。直到另一位受傷的烏軍士兵被攙扶出來，在同行的士兵解釋後說前方有一名傷兵需要救援，艾瑞克就跟著扶傷兵的士兵一起帶隊衝進樹林加入戰局，只留下醫護兵卡利一個人照看兩名傷兵。於是我自作主張留下來，負責警戒及協助救傷。

經過檢查，一名雙臂中彈、一名背部中槍，兩名傷兵雖然都很虛弱，好在烏軍處置得當，一時性命皆無大礙。我給他們分別餵了點水喝，卡利還點上菸給他們抽稍微緩和一下疼痛。期間烏軍陣地的槍聲依然不絕於耳，烏軍的排雷車照計畫開到我們陣地旁邊，朝著村莊諾沃塞利夫斯克噴射出火箭，拉出一條導爆索排除路上未知的地雷。

不放心的蒂莫西跑過來找我們。見到蒂莫西過來，我便把警戒工作交給他，獨自一人循著槍聲打算去支援前線。跑了一段距離後聽到前方樹林傳來很大的動靜，定眼一看，原來都是我們排的人，他們正跟烏軍一起吃力地抬著擔架把傷兵運出來。我趕緊上前接手擔架幫忙抬起，費了九牛二虎之力才把傷患從樹林裡拉出跟卡利會合。

與先前兩位相比，這位傷得更嚴重，擦過去的子彈在他身上劃開一條粗大駭人的傷口，人完全昏迷過去，鮮血灑滿整個擔架。卡利跟烏克蘭醫護兵立即聯手施予救治。

——

在與戰區指揮官回報後，將由我們排護送傷兵與前來的救護車會合。於是我們支援小隊先行扶著兩名還能動的傷兵離開，雖然會合點不過一公里多的距離，但帶著傷兵實在走不快。由我跟麥斯負責攙扶的傷兵，一路不斷喊著又累又冷，沒走幾步就必須停下來休息，縱使我拿出鋁箔救生毯給他保暖，但一路上茂密的枝椏很快就把毯子割爛，我們只能不斷給他加油打氣，告訴他就快要到了，再支撐一下，然後強硬扶著他繼續走。

與前來支援的烏軍預備隊在樹林擦身而過後，我們總算走到會合點。看到裝甲救護車正停在不遠處的小樹林等著接應我們，走上前去卻發現車上空無一人。我在附近的樹林繞了一圈才找到救護人員，他們說剛剛遭到砲擊，所以棄車躲起來，幸好車輛並未被擊中。順利把兩名傷兵都送上車，並看著駕駛脫離危險區域後，卡利留下來跟會合點旁陣地的烏軍躲在一起，負責接應等會送上來的第三名傷患，而我們則回去陣地找蒂莫西他們會合。

走在林間回去的路上，冷不防一波火箭彈來襲直接炸在我們周圍，劇烈的爆炸聲在耳邊連環響起，閃爍的火光四濺，全員迅速臥倒。爆炸產生的煙霧很快就把我們包圍，同時遮蔽所有人的視野，使得大家都分離開來。爆炸結束後，艾瑞克在煙霧裡一一大喊點名，確認所有成員都沒事。本以為都沒事，卻在點名到最後一位安納托利的時候，他大叫著：「我受傷了！」

瞬間全員都一樣的反應，從濃霧中衝到他的身旁，安納托利倒在地上，右腿褲子已經染上鮮血。麥斯動作最快，立刻搶下止血帶準備為安納托利紮上，才沒幾秒，第二波火箭彈風暴再度席捲過來，一樣如雨點般無情落在我們身邊，大夥都不約而同，全部趴在安納托利身上用身體護住他。

爆炸過去，我們又幸運挺過這一波攻擊，準備繼續為他綁上止血帶，但安納托利卻反常地掙扎抵抗並不停喊著不要。英文不好的他一時之間不知道怎麼表達，急忙解開褲腰帶給我們看他的傷口，只見腿上被彈片打出一個小傷口，看上去不是太嚴重，還直說著：「我很好、我沒問題，」並站起身跳一跳證明自己很好沒有大礙，可以回去繼續作戰。但醫護兵卡利透過無線電知道後，堅持要讓安納托利去集結點找他檢查。沒辦法，既然是醫護兵的命令，艾瑞克讓我護送安納托利去集結點，其他人則就近找壕溝掩蔽，等待我回來。

於是乎我帶著安納托利沿著原路又走回去，他邊走嘴上還一直嘟囔著，看起來相當不滿，我也只能好聲好氣安慰他，「這都是為你好」。

經過卡利的檢查後，判定安納托利不適合繼續執行任務，必須立刻去醫院做更詳細的檢查。安納托利只能失落地把身上的彈匣跟手榴彈全部交給我，留下來等待下一輛救護車，我便獨自一人回去尋找艾瑞克他們。

豈料，才會合沒多久的功夫正要出發，火箭彈猶如算好一樣又是一輪轟炸。我們只能邊罵髒話邊臥倒找掩護。煙霧散去，我們又多一名傷兵！這次受傷的是羅馬尼亞人羅密歐，他只淡淡說了句：「我受傷了，」秀出腿上比安納托利還要更小的傷口，儘管他說毫不影響動作也不太痛，但為了保險起見最後還是決定讓他去找卡利看看。想當然這個護送的任務肯定又落在我身上，想著：「今天這條路我已經走了三遍，每走一遍都是在玩命，再多走個幾次，下次就換我命沒了！」我只能一邊苦笑著一邊收繳羅密歐身上的彈匣跟手榴彈，再回頭找卡利。

此時我的身上加上自己原本的，總共有三十多個彈匣、七、八顆手榴彈，幾乎塞滿全身上下所有能塞的口袋，每走一步都發出鏗鈴哐啷的金屬碰撞聲，也是不輕的重量。在抵達卡利他們所在的烏軍陣地，那怕是零度的天氣我也熱得滿頭大汗。一旁的烏軍看我一直來來回回奔馳在戰場上氣喘呼呼的，還貼心送上運動飲料給我補充水分。完成護送任務，稍微小憩一下又一路小跑回去，順利與艾瑞克會合並平安地走回前線陣地。

走過被炸得七零八落的林間，到處都是斷裂或是倒塌的樹木，一條毫無生機的「死亡之路」。半路發現一枚仍冒著煙的未爆火箭彈，想著我的好運氣究竟還能持續多久？

回到前線陣地，第三名烏軍傷患也被悍馬車冒險成功拉出來。蒂莫西看著一個運送傷患的行動，結果使得己方又多了兩人受傷，只能無奈苦笑搖搖頭。幸好，之後卡利帶著羅密歐回來，由於傷口無礙能夠繼續執行任務，只有安納托利需要後送去醫院，但也沒什麼大礙，算是唯一稱得上的好消息。

折騰了老半天，俄軍的進攻終告失利，戰線又重新回歸平靜，只剩雙方砲火仍舊繼續互轟。

戰場上的行軍

被擊毀的裝甲車

11月5日　殤之日

在前次任務結束後，部隊休整兩天準備為之後的總攻擊做準備。期間安納托利無事從醫院回來報到，同時我卻收到一個噩耗。一名隊友拿著手機對我和凱說有一名在烏克蘭的台灣人不幸陣亡，同為台灣人我們認識他嗎？一看照片竟然是曾聖光！

我與曾聖光是在網路上認識的，本來他是想跟我一樣加入法國外籍兵團，但在俄烏戰爭爆發後，放棄原本的計畫跑到烏克蘭加入國際志願軍。我們雖然身處不同的單位，卻時刻保持聯繫。原本約好放假一起吃一頓飯，可還沒見上面人就已經先走了。戰場無情，一個生命隨時都有可能就這樣消逝⋯⋯。

知道這個消息的蒂莫西過來關心我們，說著：「別擔心，接下來的進攻，我們將會去幫他報仇！」

經過兩週處於被動防守的痛苦壕溝生活，總算可以對俄軍發動一波大攻勢，大夥無不興奮得摩拳擦掌、躍躍欲試。看到大家士氣如此高漲，想著馬上就要參與進攻行動，我立即收拾好心情，讓自己進入備戰狀態，準備投入接下來的諾沃塞利夫斯克村莊攻略戰。

我們一路穿過死亡之路回到前線陣地，陣地的壕溝已經塞滿了烏軍士兵，但這不是此次的目標，我們排將繼續向前推進到距離三百公尺的位置待命發起進攻。我們先與上頭分配的兩名烏軍工兵會合，其中一個還扛著一具單兵防空飛彈，由他們負責帶頭開路，防範路上可能的地雷、陷阱，以及負責防空射擊。

在接近預定地點剩不到一〇〇公尺的時候，烏軍工兵指了指機槍組的凱跟安納托利，讓他們跟著先去前面偵察。為了方便行動，他們把機槍留下來，讓我們隨後幫忙帶過去。

偵察過後確認前方路線沒有問題，後續的人緊接著跟上。由於是進攻任務，每個人都帶上比平常還要更多的彈藥，使負重增加不少，導致竟然沒有人願意主動去提那挺機槍。無奈之下我又只好扛起這個「重任」，肩扛火箭筒、手持步槍，再多拎挺機槍，邁著笨重的步伐落在隊伍最後面，殊不知就是這一小小的舉動將會救了我一命。

總算走到預定位置，大家早已圍成一個環狀陣形，各自分配好警戒位置。由於我是最後到達的，已經沒有多餘的位置給我，我只好跟著這次的狙擊手羅密歐留在陣形最後面找一塊地趴著，等待進攻號令。

這一次的總攻擊醞釀了兩個星期，將由烏軍九十二旅的士兵和我們國際兵團一營B連，以及情報總局（GUR）下轄的海妖特種部隊（Kraken Regiment）聯合進攻。作戰方針由坦克作為進攻的矛頭，將撕開俄軍防線及消滅有生力量，隨後由裝甲步兵戰車掩護步兵下車進入城鎮執行殲敵任務。而我們兵團的任務則是後續跟著突入的機械化步兵，負責掃蕩和佔領街道並建立橋頭堡。

打頭陣的又是火箭排雷車，射出火箭後發出震耳欲聾的爆炸聲，這爆炸還引起一間廠房大火並冒出大量濃煙，隨後拖著長長的導爆索趕緊後退，數輛坦克隨即從我們旁邊經過，衝上前準備與敵軍裝甲單位展開決一死戰。裝甲車緊接在後，跟在最後的則是裝甲運兵卡車。今日兩軍的火砲特別凶猛，各式大小口徑的火砲，砲火連天，彷彿要把大地都給掀開似的。

幾發坦克砲射擊的爆炸聲傳來，先行突入的上百名士兵進城爆發激烈的槍戰，機砲、機槍、步槍的射擊聲不絕於耳，想著等下就要投入作戰，令人不禁心跳加速、熱血沸騰。

就在這緊張不已的時刻，隊伍間傳來一聲槍響，原來是跟我們一起的一名烏克蘭工兵太過緊張，不小心槍枝走火，一旁的艾瑞克在安慰他後，就讓他移動到隊伍後面的位置冷靜一下。剩下的人持續觀察城鎮的戰況和警戒，在建築與建築間的間隙，不時還能看到一隊隊的俄軍正在慌忙撤退，頭頂的數十架無人機則是不停歇來回穿梭偵察，一時也分不清楚哪些是敵，哪些是友？

隨著時間一分一秒過去，敵人砲擊的落點似乎有逐漸朝我們位置逼近的趨勢。但面對戰場漫天飛舞如落雨般的砲彈，誰也不能確定這些攻擊究竟是不是在針對你，蒂莫西的無線電傳來戰區指揮官的關心：

「Bravo 1，有幾發砲擊落在你們的位置附近，你們需要轉移位置嗎？」

「不需要，Bravo 1 已經隨時準備好進攻。」

「好，請繼續等候進攻命令。」

「Bravo 1 收到。」

Bravo 1 是B連1排的無線電呼號。

幾分鐘後，無線電再次響起：「Bravo 1，你們的攻擊命令已經發佈，可以開始執行預定的任務計畫。」

處在隊伍中間的蒂莫西在收到命令後對我們下令：「時機成熟了！所有人準備開始移動！」大夥聽聞後發出興奮的歡呼聲，正陸續起身的時候「碰！」的一聲爆炸，直接炸在隊伍正中央，才剛要起身的我只感到一大片強烈的火光直襲我的臉部，閃得我什麼都看不見，接著臉部一陣刺痛，無數的碎石泥土不斷往我臉上拍打，很快就遮蔽住我的視野，只能痛苦地把頭低下來用手摀住臉頰。

正當我還低頭沉浸在痛苦之中，完全不知道發生什麼事的時候，是幾聲慘烈的叫聲把我硬生生地拉回現實。我立即把臉上糊滿泥土的防護眼鏡甩掉，抬頭定睛一看，爆炸產生的白煙猶如霧氣壟罩在整片樹林，讓我看不到隊友的身影，只聽到哀號聲跟喊叫醫護兵的聲音此起彼落。

我心中大喊不妙：「我們遭到火砲直擊了！而且還有大量的傷員，更糟的是我還聽到醫護兵卡利也在哀號，顯然他也受傷了。」

最糟的還不只如此，煙霧中又突然燃起一道火焰，像是煙火一般帶著無數的火花一同噴射出，同時麥斯也摀著臉從煙霧中跑出來，還邊跑邊大喊道：「大家快跑！我存放RPG的背包被擊中燒起來！要爆炸了！」我那時想也不想轉頭就跟其他還能動的隊友一起跑出樹林外，最後一起逃出來的只有我、麥斯跟羅密歐三人，餘下的隊友也不知道情況如何？傷兵又有多少人？

現場一片混亂。

在林外稍待一會後，見火光漸漸平息，RPG火箭彈並沒有引爆，推測被點燃的只是火箭的推進藥而已。我跟羅密歐一起走回樹林查看情況和救助隊友，麥斯因為沒有戴護目鏡，眼睛遭到灼傷喪失視力，不斷喊著眼睛好痛，一時無法跟我們一起行動。

為了避開爆炸的危險，我們從樹林外另一邊繞了回去，第一個見到的就是受傷的卡利，他被另一位芬蘭籍隊友漢諾從樹林給拖了出來，大腿上被彈片打出一個硬幣般大的傷口。我想也不想就立即給他綁上止血帶，卡利忍不住發出痛苦哀號，不過身為醫護兵的他還是很冷靜，指揮漢諾給他的傷口也纏上繃帶。我順便檢查漢諾背上的傷口，兩人看似都無大礙，我便把卡利交給漢諾照看，接著去尋找下一位傷患。

沒想到我第二個遇到的傷患就是躺在地上的凱！凱的意識依然清楚，躺在地上見到我劈頭就說：「剛剛我一直叫你都不回答，我以為你死了！」

在簡略說了一下目前的狀況後，凱說：「我的腳現在不聽使喚站不起來，剛剛艾瑞克幫我檢查後說我沒事就離開了。」說完我又仔細幫凱檢查一次，發現他的腳被彈片擊穿，腳掌跟腳背上都留下一個洞，鮮血正從洞中汩汩冒出來。摸出他身上的止血帶給他紮上後，我安慰著凱：「你的腳還在，應該可以保下來，不要擔心，你死不了。」說完就交給羅密歐照護，繼續巡視其他傷患。

接著是新加坡人唐尼，只見他坐在地上一隻手摀著肩膀，一臉迷茫。我不斷大喊，問他哪裡受傷？感覺怎麼樣？他卻像是失了魂一樣不為所動，嘴裡不知道在喃喃的胡言亂語些什麼。看唐尼已經精神失常，我快速檢查一番確認他的傷口並不會危及性命，就不管他去尋找其他隊友。

在巡視一圈過後，我們排總共有六名隊友受傷，好在剩下的隊友都只是輕傷，意識清楚且都還能夠行動，經過簡單的包紮後暫時都不需要擔心，但仍需要儘快送往醫院進行更完善的治療。

在包紮完最後一個受傷的隊友後，我回頭一看，發現地上有一個人正躺在背包上，半身染滿了鮮血，安納托利還在試著給他急救。一旁的艾瑞克見狀，說：「安納托利不用理他，他已經死了！」說完，繼續拿起無線電跟上級回報狀況。

我心想：「死了？這個人是誰？」看著那具面無血色的屍體，張著嘴巴、眼神空洞的臉，我一時之間竟然想不起來他到底是誰？「會是跟我們一起的烏軍工兵嗎？不對！他們剛剛爆炸前不在這個位置。」我一直試著努力想起卻又怎麼都想不起來，我想我其實是知道的，但是卻想不起答案。

這時聽到旁邊有人說：「該死！蒂莫西竟然死了！」我才意識到這具躺在地上的屍體是排長蒂莫西！

聽到這個難以接受的事實，我像是被雷擊中般僵在原地一動也不動，直到已經接手指揮的艾瑞克開始發號施令我才趕緊回過神來，這之間不過短短數秒而已。

艾瑞克對所有人發令：「所有的背包跟重武器都不要了！拿上你們的步槍，我們要帶著所有傷患撤離到集結點，那邊會有車輛載我們離開。」

這時候那兩個烏軍工兵才冒出來，當初砲彈一炸下來的時候，他們跑得不見人影！現在要撤離的時候才又跑回來，不過也沒時間說他們什麼，現在當務之急是趕緊撤離此地將傷患們送走。不過受傷的人實在太多，再加上卡利跟凱又無法自行移動，而我交給隊中第二醫護兵唐尼帶著的網狀擔架，又不知道被他收去哪裡，驚魂落魄的他也答不上來。好在高大壯碩的麥斯視力已經恢復，一把抓起受傷的凱一肩扛起，剩下還有能力的人輪流抬著卡利，隊伍才能夠勉強緩慢前進。

——

想到頂著砲火走上將近兩公里遠到集結點，依照現在的前行速度不知道還要花上多少時間，著實令人絕望。就在此時，一輛裝甲救護車衝了過來停在旁邊，是奉命來將傷兵拉出戰場。這車來得猶如及時雨，我們隨即將所有傷兵都送上車，只留下我、艾瑞克、麥斯、安納托利、羅密歐五個人留在現場。

望著車輛離去，成為領隊的艾瑞克說道：「接下來剩下蒂莫西了，我們得帶他回家。」眾人都同意後，我們又重返事發現場，扛著蒂莫西的屍體走回前線陣地。駐守陣地的烏軍看到我們抬著一具屍體回來都驚愕不已。我們同時還遇到準備投入城鎮作戰的第三排，本來我們應該一起聯合行動的，現在只剩下他們排要完成兩個排的任務。看到出師未捷便遭此大難的我們，此去前往不知會遭逢什麼樣的情況？只能祝福他們好運，默默地目送他們離去。

戰場殘酷、砲火無情，並沒有留給我們太多感傷的時間。

幾發砲彈的破空聲再度朝我們襲來，所有人就近躲進戰壕內，烏軍士兵也趕緊挪出位子把我即時拉進壕溝才躲過這一波攻擊。壕溝內的烏軍好心為我遞上水喝及濕紙巾擦拭血汙。在下一輛救護車輛來到之前，我們只能暫時待在這邊躲避砲火。看著邊上的蒂莫西已經變成一具冰冷的屍體躺在那邊，想著我們失去了一位好長官，未來一排又該何去何從？不經悲從中來，趁著砲火停歇的空檔，我爬出壕溝將蒂莫西手臂上的臂章給撕下來，貼在自己的制服上。

一輛裝甲救護車從後方衝進城鎮後又衝出來，我們連忙揮手把車攔下，可車上的駕駛卻直說車子已經滿了、坐不下人。暴躁的艾瑞克可不管這個，在我們還在費唇舌跟駕駛解釋的時候他已經擅自把後車門給打開，一股刺鼻的血腥味傳來，映入眼簾的是滿車的傷兵塞得不能再塞，足見前方戰況多麼慘烈。

車上的傷兵見我們抬著一具屍體要上車，努力騰出一些空間，一起合力把蒂莫西給拉上車，總算把一排的隊員都送出戰場。留下來的我們五人，藏在旁邊的樹林討論接下來的去向。

艾瑞克決意要回去跟著三排繼續執行任務，麥斯反對，認為我們剛遭到重大的傷亡只剩下五個人，執行任務實在太過冒險。安納托利、羅密歐沒有意見，大家去哪就跟著去哪。於是目光集中到我身上，看來我的意見將決定團隊的去向。想著雙方都有理，我一邊擔心三排戰友的安危也擔心殘餘隊友的安全。短暫的思考後，我對艾瑞克說：「你現在是我們的隊長，由你決定，不論你的決定如何我都跟著你走。」

得到支持的艾瑞克決定繼續執行任務，縱然麥斯有些不滿，但還是接受這個決定。於是我們一邊朝著剛剛被攻擊的地點回去，打算撿回我們的背包跟裝備，一邊向上面回報我們的決定。上頭否決了我們的決心，要求立刻撤退返回基地。軍令如山，指揮官的命令已經下達，艾瑞克也只能遵從，此刻任務便改成回收裝備並撤離前線。

來到傷亡點，艾瑞克給所有人一分鐘整理背包，只帶走重要的東西，帶不走的就留在原地，我們用最快的速度檢視所有人的背包，把裡面的平板、手機跟無線電等可能涉及機密設備回收，丟棄不需要的彈藥，只拿走隊友遺留的步槍跟高價值的狙擊槍，在走之前我還把機槍的槍管都給拆走避免日後資敵。

完畢剛走出樹林，一輛烏軍裝甲車從戰區冒著滾滾濃煙，搖搖晃晃地朝著我們開過來，最後撞樹停在路邊，火舌瞬間竄出來。幸好駕駛及時跳車保住一命，他還企圖用滅火器撲滅大火，可惜徒勞無功。

我們一行人加上一起來的烏克蘭工兵，還有剛剛失去裝甲車的駕駛兵，一起走到撤離點搭上後送的裝甲車，平安脫離戰場。

這一天是我們排成立以來傷亡最慘重的一天，總計一死六傷。

向諾村發起進攻

凱的故事（二）

11月5日　殤之日

排長下令起身準備移動，剛站起身來正要把背包背上的我，突然瞥到一陣火光迸裂伴隨著爆炸聲。

我立刻下意識地臥倒掩護，爆炸結束後樹林開始響起此起彼落的慘叫聲。

一抬頭就看到麥斯背上裝著RPG的背包正噴射出如煙火般的火花，正當我想要站起身去幫他把背包扯下來時，才發現我一腳踩下去右腳卻癱軟無力、不聽使喚，又再度癱倒回地上。一時分不清是因為受到爆炸衝擊波的影響還是受傷，穿著軍靴也看不見傷口，所以完全不清楚我的腳發生了什麼事，但當我想嘗試再度起身時，還是一樣無法順利站起，我才意識到我可能中彈了！

同時有一聲慘叫聲太像陳晞，讓我不禁擔心他的狀況，但爆炸的煙霧遮蔽視線，加上情況過於混亂，我只能一邊叫著他的名字一邊喊來醫護兵求救，在心裡祈禱他沒事。

醫護兵卡利一直沒有回應，好在過沒多久，艾瑞克跑來查看我的傷勢，隨後陳晞也跟著趕到。看到陳晞沒受傷總算讓我心中的大石可以放下，從他口中得知卡利也在這波砲擊中受傷，並且馬上發現我的右腳腳底在冒血。讓麥斯取下我的止血帶並綁上後，陳晞繼續去檢查其他傷員的狀況，留下麥斯在身邊照顧我。

我請麥斯幫我掏出我的香菸，想要抽根煙緩和情緒。這段期間還是一直有砲彈落在附近，混亂之中一直沒有收到進一步的指示和消息，原來蒂莫西在砲擊中當場陣亡！而接手指揮的正是艾瑞克。

沒多久，撤離的命令終於下來，小隊開始嘗試移動。過來攙扶我的是那兩名烏克蘭工兵一左一右搭著我的肩膀前進。由於傷兵太多，隊伍前進速度過於緩慢，路上又是一陣砲火來襲，眾人只能被迫就近躲避。倒在旁邊的樹林躲避之時，我向烏克蘭工兵要來一根菸，烏兵用抖個不停的手試著幫我點燃香菸，試了好幾次都點不起來，我一把要過打火機自己點上菸並試圖安慰他冷靜下來。

一波砲火過去，艾瑞克大喊：「繼續前進，我們不能在這裡停留！」

隊伍再度緩慢前進，這時麥斯又出現了！一把將我扛上肩，然後跟烏兵說：「這是我兄弟，我來背他回去！」

孔武有力的麥斯直接扛著我跑上一段路，感覺幾乎快被甩下去了，直嚷著：「等等！我要掉下去了！」麥斯邊跑邊說：「你儘管抓好就好，我不會讓你掉下去的！」還不忘補上：「你現在欠我好幾杯。」

送上裝甲救護車後，車上的醫護兵再度檢查一遍每個人的傷勢，並給予應做的緊急措施。

由於平安脫離危險區域，內心稍微放鬆下來，我便在迷糊中睡去，對這段後送過程完全沒有記憶。

等下次醒來時，已經換乘到一般的救護車上，此時腳掌的鮮血又開始冒出來，我看著一旁的醫護人員幫我又多打上兩條止血帶。

到達野戰醫院後，馬上就有人推來輪椅把我接進手術室。手術室有兩個床位，旁邊躺著的正是同樣負傷的隊友卡利。

躺上手術床，醫生進來簡單問些問題後，便上麻醉直接開始準備手術！

由於一切發生得太快，甚至感覺麻醉還沒完全發揮作用，就看著醫生把腿上的止血帶拆掉，我本來想撐起身體，看看自己的腳到底是什麼情況，但只見汩汩的血似噴泉般不停噴湧而出，這時麻醉才開始慢慢起作用。只聽說我開始胡言亂語，把我知道的髒話，甚至連普丁都罵上一遍，醫生把我壓平回床上，頓時只感到一陣天旋地轉，精神陷入一種迷幻的神遊狀態。這感覺始終無法忘掉，那時我還以為自己是在被推著走來走去。

但不知道是麻醉不夠強還是什麼原因，途中我又痛醒一次，坐起來又是一陣罵罵咧咧後再度昏迷過去，這都是事後聽在我旁邊的卡利轉述的。

醒來之後，我的腳已經被包成像個木乃伊那樣。由於沒有什麼痛感，我一直覺得應該沒事，記得救護車上的醫護兵也說我不用截肢。

起身觀察一圈周圍的環境，是在醫院的走廊上。這裡躺著許多士兵，有的還在昏迷，有的已經能站起來走動。我試著理解眼前的狀況，拿起身上的病歷卡想要研究上面寫什麼，卻又再度昏迷過去。

不知道過了多久，再度醒來時，我掏出還留在身上的手機連上網路，查看我們第一排的群組訊息，點開來看才赫然發現我的腳趾竟然被動手術切掉了！

這個是卡利在群組告知大家的訊息，看來他見證我的腳趾整個被截肢的過程。當下心裡沒有太多的想法，只覺得至少不是整隻腳被切除，在群組開玩笑回一句：「下次請阻止醫生切除我身上的任何一部分。」

隨後研究一下病歷卡上的內容，確認我的右腳第三、第四隻腳趾真的被切除。我很快便接受這個事實，畢竟事情已經發生也於事無補，接著想跟家人報平安，但是想想還是等狀況好一點再說吧。

接著，晚上就被轉送到哈爾科夫軍醫院，在這裡待兩天後又做一次清創手術。手術完成，確認狀況穩定後，這時才敢跟家人通知這個消息。為了避免家人擔心，我用幽默的口吻說道：「以後我剪腳趾甲能少剪兩隻了呢！」

之後的日子就是一直留在醫院養傷，沒想到現在開始才是最痛苦的時刻。

受傷跟被截肢的過程幾乎都沒有什麼痛感，但隨著傷口逐漸復原，疼痛感逐步加劇。每天早上醫生都會來檢查狀況，並告訴護士要打什麼點滴、要換什麼藥。每次換藥都是最煎熬的時刻，醫院內總能傳來一名外國人在那撕心裂肺的吼叫，響徹整個走廊。

每天不打個五、六針止痛劑根本沒辦法休息，連半夜都得爬起來請護士再幫我補幾針才能讓我換到短短幾個小時好好休息的時間。

就這樣度過猶如拷問般折磨的三、四個星期，醫生表示傷口的復原情況不錯，可以進行植皮手術，在熬過最後一次的痛苦手術後，原本前一天還疼痛難耐的傷口竟然神奇地不再痛了，總算終結這段痛苦的時日。

11月6日 重返傷心地

回到村莊裡，原本總是擁擠又吵鬧的房子，如今變得冷冷清清，空盪盪的剩沒幾個人，透出股悲涼感，更顯得寒冬將至。照著鏡子望著臉上因為灼傷而留下的疹子，仍舊餘悸猶存，要是我再早一點到、位置再往前一點，那我會不會就跟著一起死了呢？

吃著留守的穆森為我們煮的熱食，我想這就是命吧！今日一戰，有人能夠回來吃晚餐，有的人就此長眠，無關你的能力和過去的經驗，也無關你的信仰，完全是純粹的運氣使然。就像羅密歐在戰場上都不穿戴頭盔跟防彈背心，今天卻毫髮無傷，蒂莫西就算穿著全套防護，位置不對終究還是讓一發砲彈就給帶走了。

（羅密歐覺得護具穿再多，遇到砲彈或是大口徑武器還是會死，不如不要穿還能跑快點逃命。）

經過一天的鏖戰，烏軍成功佔領諾沃塞利夫斯克。正確來說只佔領了一半的城鎮、三條街道，向前推進約三百多公尺的距離，為此卻付出不小的傷亡代價。三排雖然成功完成任務，佔領負責的街道並建立橋頭堡，但也在交火中造成一名日本人跟一名巴西人，共兩名戰友陣亡。所以也不敢說我們在進攻前就被炸算不算是幸運？如果參與進攻村莊的話，是不是陣亡的兩人就會是我們排的人？

回來後連長沒有給我們新的任務和指示，在各自休息了一晚，隔天一大早艾瑞克就把我們所有人都叫醒，穿好裝備，準備好要去出任務。這次的任務是艾瑞克自己跟連長申請的，我們將前往回收昨日被我們拋棄的武器、彈藥和隊友的背包。

昨日的五人倖存者小隊加上穆森和之前一起行動的一名烏克蘭工兵，組成七人回收小組（工兵要回收他的防空飛彈）前去。

順利走回到傷亡點，經過昨日的大戰，今日的戰場顯得格外寧靜。現場仍舊跟昨天一樣一片狼藉，沒有絲毫被動過的跡象。四處散落著遺留的頭盔、背包等裝備，以及血跡。在重新巡視現場後撿到一發ＢＭＰ－１裝甲車發射的七三公厘砲彈殘骸，看來這就是昨天造成悲劇的罪魁禍首，也還好並不是大口徑砲彈，不然我們可能就不止這樣的傷亡。

我們儘量把遺棄的彈藥撿回和整理隊友的背包，只留下重要和有價值的裝備器材，剩下帶不走的或是損壞的就被我們往草叢堆裡丟棄，接著找回昨日武器的遺留點，就這樣每個人背著大包小包和各式武器，平安踏上歸途。

返回村莊後，或許是鑑於我們這兩週連續執行任務跟剛遭逢重大傷亡，體恤下屬的連長讓我們倖存的五人放假兩天。這消息讓我們喜出望外，畢竟將近四週沒有好好休息跟洗澡，過去這段時間幾乎都在戰場的泥巴堆中打滾。

——

下午我們驅車開往哈爾科夫市，準備去醫院探望隊友們跟休養。

來到軍醫院，我們一一探視每一位受傷的隊友，幸好經過醫院進一步的治療過後，大部分隊友都還活蹦亂跳，只要休養一陣子便能重新歸隊，也算是不幸中的大幸，除了凱之外。

本以為傷口不嚴重的凱到院後，發現腳掌跟腳趾部分遭到彈片切斷喪失功能，必須動手術截掉兩根腳趾頭，後續還要接受漫長的復健，這可能會影響到日後的步行和跑步。看到跟自己一同來到烏克蘭的好友竟遭逢此變故，不免讓人心裡一沉。不過看凱的精神算是不錯，還能有說有笑，依然保持樂觀的心態，甚至還能自我調侃，我就稍微寬心了點。

在告別隊友確認他們都沒有大礙後，我們幾人先去旅館休息，洗去連日的壓力和疲勞，再去市區名貴的高級餐廳好好地大吃大喝一頓，享受短暫脫離戰場沒有砲彈、煙硝及死亡的和平生活。艾瑞克高舉酒杯說道：「讓我們一起為英勇的蒂莫西乾杯！祝福我們受傷的隊友們能夠早日康復！最後為我們都能夠平安和 Bravo 1 乾杯！」

一同舉杯為逝去的隊友乾杯，這是我們弔唁的方式，我們不能一直沉浸在悲傷之中。縱然隊友不幸先離我們而去，戰爭跟任務也不會因此而停下，我們只能保持樂觀正向的心態、堅持心中的信念，才是在殘酷的戰場上生存而不至於崩潰的唯一方式，這讓我想起蒂莫西生前的那句話：「我們都會死，但不會是今天。」

摸著貼在手臂上那枚蒂莫西的臂章，看來我該死亡的那一天還沒到來。只要那一天還沒到，我就得繼續戰鬥下去。

蒂莫西陣亡

第五章

徒勞無功

11月12日 徘徊於廢墟中的遊魂

放完假後，無所事事地在安全屋待上幾天。

連長又指派新的任務，這一次我們將正式進入諾沃塞利夫斯克，接替駐守村中的一支烏軍小隊，幫忙分擔漫長的街道防線壓力。

這次烏軍裝甲車直接將我們送到村口。剛下車，各種難以言喻的怪味道撲鼻而來——煙硝味、不同物質燃燒的刺鼻味以及陣陣的屍臭味。許多建築都在這連日的交火中被炸成廢墟，伴隨爆炸飛濺出的物品東倒西歪、散落各處。有些較為完好的建築則留下斑斑彈孔，一再表明前幾日的爭奪戰是何等激烈，更勝我入烏以來所參與的每一場作戰。

諾沃塞利夫斯克戰役還沒有結束，烏軍不完全的佔領意味著接下來的衝突都將集中在村莊中。一時敗退的俄軍死守著村莊最後一條街道和車站前的樹林所建立的防線，餘下主力則退守至後方緊鄰諾沃塞利夫斯克的庫澤米夫卡村（Kuzemivka），仍不停歇地對村莊中的烏軍進行砲擊，使得我們五人小隊必須得穿越廢墟，沿著每一棟房子小心翼翼前進，防範可能會遭遇的俄軍步兵，同時在砲火來襲時能更快地躲入屋內作掩護。

一路跨過崎嶇的廢墟和彈坑，途中也不乏遇到俄軍和無辜家畜的屍體。一路征戰下來，讓我早已對這些景象麻木，就跟彈殼或是彈坑一樣，都是戰場上隨處可見的東西。

與烏軍小隊會合後，一輪砲火便落在我們周邊區域。也不知道是不是行蹤被發現，一行人只能就近躲在建築物內等待砲火過去。停歇後，跟我躲在一起的烏軍小隊一員拍拍我的肩膀，就跟著自己的隊伍離開，留下我們單獨在現場。

從現在起這個防區將由我們五個人鎮守。

我跟羅密歐被分配到其中一幢平房，負責監視對面不到百公尺對街的無人佔領區。我找來一張椅子枯坐在面對窗戶的位子，開始長達數十個小時的監視任務，羅密歐則在屋內的另一邊朝向門外，防範敵人從側面滲透，也保護我的後方讓我能夠專心盯著主要重點區域。就這樣不知道過了多久，背後傳來一陣騷動，聽上去也不像是羅密歐發出的聲響。我立即警覺地站起來，誰知道是一隻毛茸茸的生物衝進房裡，結果是一隻大狼狗！

進到房間狼狗對我意思意思地輕吠兩聲，便窩在旁邊的沙發上，看來我們無意間闖進牠的家。看牠的反應，應該已經習慣被我們這些來來去去的不速之客給打擾，甚至面對隆隆砲聲也異常冷靜，顯得很習以為常，直到我拿出食物開始吃飯才顯現出狗兒本性，扒著我討食物。想著一隻狗在戰區肯定生活不易，人類造的孽卻要牽連無辜的動物，就把身上僅有的肉乾都給牠吃，有了這麼一隻毛朋友的陪伴，為無趣的監視任務增添一些趣味。

戰爭使人發狂，連狗也不例外。或許長期身處於戰區也讓大狼狗變得嗜血暴力，每當外頭有什麼動靜都會先一步有所反應，為警戒任務幫了個大忙，但只要出現的是雞、鴨之類的家禽，狗兒便會衝出去對牠們撲殺，一隻都不放過。本以為牠是為了打獵生存，但殺死過後狗兒也不吃，就像是發洩一樣不斷撕咬、甩飛家禽的屍體。看著屋外滿地的家禽屍體跟血跡，看上去有點怵目驚心，最後狗兒又像沒事的一樣嘴角帶著血跡回去繼續窩在牠的沙發上，有次還叼著一隻死鴨給我，也不知道牠是要炫耀還是要給我？為此羅密歐給牠取了個「殺手狗（Killer Dog）」的名字。

經過一天一夜的監視，除了不停歇的砲彈和火箭不時落在屋外，並未發現俄軍的蹤跡。到了換防跟狼狗說再見的時候，我曾試著想要帶牠離開戰區，「殺手狗」卻堅決抵抗，看著掉在地上摔破的全家福照片，我知道牠是想等待那不知何時才會回來的主人。牠想在主人回來之前繼續守著牠的家園，無奈我只能在離開前把剩下的糧食跟水都留給牠，想著下次應該很難再見到牠了吧！

沒有多少生物能夠在這樣殘酷的環境下生存下來。

11月14至16日　鎖定

透過無人機偵察部隊的報告，發現在村莊中疑似俄軍的據點跟地下指揮部。指揮官計畫再發動一次小規模的進攻行動，企圖將村莊殘餘固守的俄軍給拿下。B連將一起參與這個任務，不過歷經九月初的大反攻及一連串作戰至今，走的走、死的死、傷的傷，B連也沒剩下沒少人了。這次任務集中了一排跟三排剩下的可用兵力，才勉強湊出一個十人班。我們將在半夜先行滲透至村莊，並持續觀察跟監視俄軍據點，等到白天烏軍將會派出坦克跟步兵協同我們一舉攻陷據點。

凌晨一點，乘坐裝甲車來到村莊外五〇〇公尺處的樹林，兩個排組成的滲透小隊在夜色的掩護下，藉著微弱的月光引路，悄無聲息地穿梭在村莊中的街道跟房屋。夜間的諾村出奇地安靜，就像是一座無人的鬼城一般，卻有著無數的幽魂徘徊，懷著不同的意圖伺機而動，當然我們也算在其中。

在逐步接近俄軍據點的時候，發現一小隊人馬也在不遠處遊走，經無線電通聯確認是執行同樣任務的烏軍小隊。兩隊人馬躲在房子後面會合討論任務，分配好防守位置後就各自行動，一排也與三排分開各自找適合的監視點。

我們找到一幢被炸塌、屋頂都垮了一半的房子作為監視據點，可以同時監視一〇〇公尺外俄軍據點和三〇〇公尺外的指揮部。位置不錯，但最大的缺點是沒有足夠安全的休息點，我們又在後面隔一條街約五十公尺的地方找了間有地下室的破倉庫，作為輪班睡眠的據點。艾瑞克、麥斯跟安納托利一組去開拓監視點，我與羅密歐一組先行去地下室探索、休息。在地下室發現這裡也曾經被作為俄軍的據點，還遺留一件背心跟些許開過的俄軍野戰口糧，最大的收穫則是一個瓦斯爐，可以在寒冷的冬天加熱食物跟烤暖凍僵的手腳。

度過相安無事的一夜，白天輪到我與羅密歐盯哨。冒著跑過空曠街道的風險，迅速進入監視據點跟艾瑞克組換哨，架好狙擊槍，兩個人輪流交換盯防俄據點跟指揮部，等待著不知何時會來的進攻命令。可先迎接我們的卻是無數的砲火，俄軍似乎掌握到烏軍的意圖並透過無人機鎖定我們跟烏軍所在的區域，三不五時就會有火砲或火箭落在我們附近，甚至出動攻擊直升機進行火箭彈炸射。身為戰場最低層步兵的我們，只能蜷伏在建築物內掩蔽，祈禱不要被擊中，眼睜睜看著直升機釋放熱焰彈閃過地面單兵防空飛彈而無計可施。

每當一波空襲結束後，就會有俄軍的小型無人機前來戰場巡弋偵察，肆無忌憚地以極低空飛行的方式，徘徊在窗口或是建築物的裂口中尋找藏匿其中的部隊。只要一聽到無人機逼近的聲音，我們就必須像玩躲貓貓一樣立刻躲藏起來。我緊靠在牆角，藉由死角躲避無人機的搜查。雖然明知道無人機沒有收音的功能，還是讓人不禁大氣都不敢呼一下，直到頭頂的嗡嗡聲遠去才敢小心翼翼地探出頭，重新繼續監視據點。

或許是來自火砲跟空中的威脅一直讓烏軍無法派遣坦克前來，因此進攻的命令遲遲沒有下來。我們周圍原本就被砲火炸得東倒西歪的建築，歷經無數次的轟炸被轟塌得不少，連帶無辜路過的雞隻都被炸成一攤攤腥紅的肉泥。要是換班的過程中跑慢一步，那變成肉泥躺在街道上的可能就是我們，期間我還意外被迫擊砲彈爆炸所震飛的木屑扎到。

歷經將近四十多個小時頂著砲火的駐守監視，等到的卻是撤退命令。

被砲火輪番物理和精神上轟炸，再加上只有五個人的輪班放哨幾乎沒什麼休息，大家早已疲憊不堪，進攻的鬥志早就全無，只想快點離開這個鬼地方。所以當一收到撤退命令，比起沮喪更多的是慶幸，慶幸能夠在這樣的情況下全身而退。大夥迅速背上背包與三排的人集合，一同循原路撤回。

但回去的路上也不安穩，正當我們剛離開村莊卻被防線上的俄軍陣地給發現，幾聲低沉且連續的咚咚聲從對面的森林傳來，這是自動榴彈發射器發射時的聲音，我們已經被俄軍鎖定攻擊了！眾人趕緊迅速臥倒，幾乎同時在極近的距離一連串的爆炸連珠響起，趴在泥地中的我只想著大事不妙，這麼近的爆炸肯定又要有人傷亡！

腦中湧現出蒂莫西被炸死那天的場景，如今仍歷歷在目。

爆炸過後，白煙飄散，抬頭一看，無人傷亡和哀號，只聽到耳邊有人大喊：「快跑！」也不用等那個人多喊，大家早已各自爬起來，連滾帶爬地死命往烏軍裝甲車的方向狂奔。在逃離之前我瞥了一眼彈著點，發現離我們最近的不超過兩公尺距離，推測是榴彈的口徑小再加上落在泥濘的泥土中，被土壤減緩爆炸跟破片，因此才幸運逃過一劫。

隨著我們的逃離，總算跑出俄軍榴彈發射器的射程，第二波攻擊的榴彈只落在我們身後，在坐上裝甲車後成功逃離，結束這場無功而返的任務。

監視俄軍臨時哨點

側寫（四）烏克蘭戰場無人機二三事

由於雙方缺乏電戰跟掌握空優的能力，在烏克蘭戰場上大規模且廉價的小型、微型無人機（相比大型無人機跟飛機），取而代之成為新一代戰場顯學，用於即時的偵察情蒐和攻擊任務。

一、全烏克蘭每個月平均能夠消耗超過一萬架無人機

由於雙方大部分使用的都是民間的商規無人機（DJI為主流），所以實際上超過九〇%的無人機在墜落（遭擊落、干擾、天氣因素等）前只能執行三至六趟的任務。這也能看到為什麼幾乎很多烏克蘭部隊在向外國募資的時候，無人機幾乎都是主要項目之一。

二、無人機投彈固然可怕，實際上在戰場的效益並沒有想像中的大

由於前面說過戰場上大部分使用的是商用無人機，當初設計的時候並沒有考量到外掛物件及投擲的功能，所以在外掛榴彈的時候會對機體的平衡性、操作性跟續航力造成不小的影響，進而導致墜機的機率。

所以實際上無人機操作手並不是很愛外掛榴彈進行投彈攻擊，威力也不甚理想，加上投彈為了增加命中率勢必降低飛行高度，可命中率依然頗低，同時也增加被擊落的風險。

網路上看到很多流傳擊殺人員或車輛的影片，顯得無人機威脅極大，是一種倖存者偏差，我想沒人會把自己沒命中的影片放在網路上。

無人機最大的價值跟主要任務還是偵察而非攻擊。

而FPV穿梭機（First Person View）的自殺攻擊是另一種新流行的型態。

三、大型固定翼跟旋翼無人機的生存問題

在中高度飛行的高價位大型無人機（如：MQ-1），雖然在低強度的不對稱作戰中非常好用，但是在高強度的戰場上，由於缺乏匿蹤的設計與有效的自衛手段，很容易就被雷達偵測並被防空武器或空軍擊落，淪為戰場活靶。

四、戰場上單兵缺乏有效的反制手段

目前單兵能夠有效反制小型無人機的手段主要有：干擾槍、霰彈槍。

霰彈槍：成本便宜，但想要擊中無人機並不是一件容易的事，射手需要大量的練習，有玩過飛靶就會知道是多麼不容易的一件事，無人機的難度只會更高，而且霰彈的有效射程只有五十至一百公尺，大部分有經驗的操作手很少會飛到這麼低。

干擾槍：雖然很多干擾槍射程可達一至二公里，但是干擾槍普遍巨大和笨重，作戰攜行上並不方便，加上有電池續航力的問題（尤其烏克蘭冬天電池電量掉得很快）和高單價成本，使得效益並不大。

現在很多無人機都有內建訊號遭到干擾遮蔽，就會自動原路返回操作手的功能，讓干擾槍更顯雞肋。

最多用在野戰指揮部或重要設施的防禦，而且還需要搭配反無人機雷達，不然小型、微型無人機在二百公尺以上高度，很難單靠肉眼目視目標，也幾乎聽不到聲音，更不用論在吵雜的戰場上，只會讓聽覺感知範圍更低。既然發現不了目標，再遠的干擾範圍都沒用。

至於想要用小口徑步槍擊落更是極高難度，如果懂得射擊跟彈道學就會知道，在無參照物的天空中，連要判斷無人機具體距離是多少都不是一件容易的事，更不用論要如何瞄準那麼小的目標，光是鐵瞄看出去準星都比你的目標還大。要擊落無人機除非運氣真的很好，不然就是要架機槍靠彈幕擊落。

所以現今地面野戰部隊較為有效能夠反制無人機的方式，只能靠載具搭載反無人機雷達、區域干擾裝置，並依靠物理彈藥、高功率雷射或是微波來破壞無人機。因此，在有限的資金下，一般部隊寧願選擇購買夜視鏡、熱成像儀或是更多的無人機。

射擊無人機

11月21至23日　混沌的地獄

在遭受重大損失後，為了補充損失，從後方又補上兩名新的志願者加入一排。新兵分別是跟我一樣來自法國外籍兵團、中士退伍的波蘭人傑伊跟紐西蘭人奇威，讓原本的五人小隊增加到七人來分擔作戰任務上的壓力。雖說在出發前不小心從樓梯上摔下來扭傷腳踝，但在人力短缺的關鍵時刻，我仍綁緊鞋帶固定腳踝，忍著疼痛硬是裝沒事參加這場行動。

前幾日的據點跟指揮部已經被俄軍放棄，但我們所開闢的據點成為街道防線上的重要據點之一，因此這次的任務將再度前往監視點進行防線的守衛。沒有太多的時間磨合和熟識，就必須帶上兩名能力不明的新兵執行任務。

凌晨天仍未亮就重新進入諾村，此時天空正飄著雨，村莊被一片濃霧籠罩著，更為戰場增添詭譎多變的氣息。

果不其然，在天剛亮濃霧散去之時，俄軍就發起進攻衝擊我軍防線。

對面傳來裝甲車輛的履帶聲和此起彼落的槍聲，俄軍這次的進攻是由步兵和坦克所組成的梯隊，正與我們據點兩百公尺外的烏軍防線爆發激烈衝突！幾發坦克發射的砲彈，從我們頭頂上掠過發出刺耳的尖嘯聲，令人有些站不住腳。艾瑞克趕緊指揮所有人就戰鬥位置，我與麥斯分別扛著反裝甲火箭彈穿梭在廢墟中，試圖找到適合的狙擊點。艾瑞克則在後方用槍榴彈拋射向俄軍來犯的方向，支援烏軍的反擊。

這時大家心中應該都是緊張不已，要是烏軍的防線被攻破，緊接著首當其衝的將會是我們，屆時這七人小隊將以步兵肉身之軀對抗數量不明的俄軍跟火力強大的鋼鐵巨獸。面對如此的戰力差，很可能一瞬間就能將我們給輾壓過去。

所幸，沉寂已久的烏軍砲兵在這個危急存亡之際終於發起支援射擊，面對巨大的砲彈衝擊，嚇得坦克急忙撤退。在沒有裝甲火力的掩護下，殘餘的俄軍士兵在烏軍依託建築防禦的頑強反擊下都一一被擊退，並沒有如預期般滲入村莊。隨著交火聲逐漸平息，我們才都鬆了一口氣。

此時天空開始下起大雨，只能瑟縮窩在漏雨的破舊小倉庫中發抖，冷不防外面傳來幾聲細碎的腳步聲，聽起來不似人類發出的，還沒反應過來就衝進倉庫來，定睛一看居然是「殺手狗」！

跟上次最後一次見面的從容相比，這次牠渾身上下無不透露著恐懼，尾巴都害怕地縮起來，看來是受到極大的驚嚇。我們的倉庫據點位於牠家兩個街道之外，距離有上百公尺，早已超出牠平時的活動範圍，推測牠的家或許已經被砲火給摧毀，才會變得如此驚恐。失去安身之處的牠只能在村莊中到處遊蕩躲藏，恰巧今日又被我們遇上。牠不安地在倉庫裡走來走去，縱使我們拿出食物安撫牠，依然視而不見，直到牠發現我們躲避砲火用的地窖就自顧自地躲進去。看來受到的驚嚇真的不小，我們也就任由牠而去。

因為烏軍的砲擊，意外點燃俄軍防線森林的大火，冒出滾滾的黑煙，連數公里外都清晰可見。下午開始下起滂沱大雨，雖然直至入夜才停歇下來，也未能澆滅這場大火。守在監視據點的我，看著遠方的火焰幾乎照亮整個村莊，燃燒的刺鼻味不斷撲面傳來。遠方還不時傳來幾聲狗吠聲以及被獵殺的豬隻慘叫聲，配上一眼望去的廢墟，我想到，要說這就是末世地獄的景象也不為過吧！「殺手狗」也在我站哨的時候默默地自行離開，只能祈禱牠能夠在這地獄般的村莊生存下來，平安地遠離戰火。

——

剛一下哨、正躺下準備補眠的時候，艾瑞克突然把我叫醒：「嘿，陳！我需要你，我們有新的任務要執行。」原來接替的烏軍小隊已經來到村莊外的樹林待命，我們必須派人前去接應和引路。畢竟想要在黑夜且滿是廢墟的村莊中找到我們的據點確實不是一件容易的事。我二話不說，起身跟著艾瑞克兩人一路摸回去尋找烏軍。

在村莊一公里外的地方找到前來換防的烏軍，馬上又領著他們一路走回據點，本以為能順利完成任務，然後返回基地休息，這時卻發生意外。本該跟在我們身後的烏軍小隊居然有一半的人在黑夜中落隊然後走錯路！當我們發現的時候，他們已經走上錯誤的岔路並向俄軍陣地的方向前進，艾瑞克生氣大罵著，要我把剩下的人先行帶回監視據點，自己獨自一人跑回去尋找迷路的烏軍。

不過他似乎忘了夜視鏡只有他頭上有，我只能藉由遠方的火光，憑著方向感和記憶，嘗試在複雜的廢墟迷宮中跌跌撞撞地帶領烏軍找路回去，弄得滿身大汗總算順利到達。一會兒艾瑞克帶著迷路的烏軍平安歸來，在交接完防務後同樣的路我們又將再走一次回去。

這段路程看似不長，但大雨過後，滿地都是爛泥和積水，有些水坑更是深達大腿，在黑暗中很容易一不留神就會摔入水中。

這時候新加入的紐西蘭人奇威在行走的過程中不斷在泥巴坑中滑倒哀號、嚴重落隊，甚至坐在地上揚言要把他負責的機槍給丟在這裡。憤怒的艾瑞克逼著奇威站起來，在無法拋棄隊友的前提下只能強硬地把他拉起來，一旁的安納托利則幫奇威拎起機槍，不忍心看著這個五十多歲、凡事任勞任怨的烏克蘭老兵這麼辛苦，我便接過安納托利的背包幫他分擔重量。

驀地，樹林中跳出一個烏克蘭士兵，對著我們就是一通嘰哩呱啦的俄語，透過安納托利的翻譯，才了解到他們是剛來防守此地的烏軍，正跟我們要通行口令，而我們根本不知道有這回事，連口令是什麼都不知道。在一番解釋下，固執的烏軍士兵依然堅持不放行，早已煩躁不堪的艾瑞克用英文跟烏軍士兵吵起來，無視士兵舉起槍的警告，逕直就要穿過去。

就在這幾乎要擦槍走火的關頭，對面又走來一隊人馬，迎面走出一位人物，應該是那位守路士兵的長官，在溝通過後才免去一場沒必要的衝突，但取而代之的是又有新任務要交給我們。

這一隊人馬也是準備要進入村莊執行任務的烏軍小隊，他們要與原先接替我們的烏軍會合。戰區指揮官命令我們派人再幫烏軍引路一次，無奈的艾瑞克只能領命，帶著能夠幫忙翻譯的安納托利折返，我們餘下的人則先行返回撤離點待命。

我們這樣來來回回的動靜，似乎引起俄軍的注意，原本因為夜晚而停歇的砲火又開始響起。走在上一次任務時被榴彈攻擊過的位置，不好的經驗頓時在腦內浮現，只想趕緊離開這裡。

我認為好運並不會一直持續著，全身的重裝備跟泥濘使得每前進一步都異常艱辛，縱然我不斷催促趕緊加速離開，可隊伍的行進速度卻依舊緩慢，還有人坐下來休息。因這晚的折騰所導致的疲憊感讓我也逐漸煩躁起來，直接撂下：「你們想死的話就留在這裡吧！我可不打算陪你們。」語畢，就自己毫不停歇地一路衝到撤離點，直到氣喘吁吁坐上烏軍接應的裝甲車這才安心下來。

姍姍來遲的隊友依續到達裝甲車上會合，本想著這次任務就這樣結束，直到最後一個到達的麥斯說道：「奇威落在隊伍後面不見了，他看起來需要幫助。」看著車上其他隊友完全沒有想動的跡象，我只好一個人跳下車回去尋找奇威。

還好在不遠處發現到奇威的身影，他就像一具喪屍一樣在黑暗之中搖搖晃晃緩步前行，等我上前去他便開始止不住叨叨絮絮的抱怨，說泥土沾到他的眼鏡和眼睛害他什麼都看不見。我也懶得跟他囉嗦，直接接過他的背包跟步槍帶著他走回車上，奇威前腳剛上車，艾瑞克跟安納托利也順利完成引路的任務回來跟我們合流，結束這段風波不止的任務。

11月26日至12月9日　陷落、為亡者的弔唁

任務回來之後，連長向我們傳達新的消息。

鑒於B連連續的戰鬥，導致傷亡過重、人員不足，近期內將會全連撤離前線，回到利沃夫附近的國際兵團訓練營接收新兵，然後重新一同再訓練、進行單位整編，具體時間不確定，只要求我們先行整理、打包行李，做好轉移的準備而已。意味著短期內我們不會再有新的作

戰任務，艾瑞克趁機幫我們申請放長假的機會（我們單位每年有兩週的長假可以申請），連長當下也毫不猶豫直接同意。

就這樣我與艾瑞克、麥斯三人開始我們的假期之旅，也給了我腫起的腳踝休息的機會，留下不想放假的安納托利、羅密歐和剛到部隊的傑伊、奇威。

這就是我們一排剩餘的全體人員，穆森等其他隊友在前段時間已經陸續離開。

我們先跑去探望轉院到烏克蘭北部城市蘇梅（Sumy）的凱，看他氣色不錯著實令人放心不少，傷勢也穩定下來，接下來就是接受復健，看能不能重新回歸前線。

之後，喜歡待在大城市的我跟麥斯跑到基輔好好觀光一番。面對首都的喧鬧與和平，讓人暫時忘卻戰場的苦痛。利用這一次放假，除了好好休養生息之外，同時還添購不少冬季的防寒衣物和雪地裝備，為未來的雪中行動做好萬全的準備。烏克蘭「冬將軍」的名號任誰都不可小覷，零下十幾二十度的氣溫還不用等開戰就能先凍死人。

正當我還在享受這段美好假期，過著每天吃喝玩樂的日子時，前線卻傳來壞消息。我們歷時將近一個月反覆爭奪的諾村宣告淪陷。原本辛辛苦苦奪下的據點跟街道等戰果，瞬間化為烏有，這些日子所付出的傷亡代價又算什麼？

但更大的噩耗還在後面，幾天過後就傳來三排在執行任務中有三名戰友陣亡！

儘管諾村一時失守，幾天後烏軍又一度奪回部分街道，並派遣三排的戰友跟連部的混編小隊前去支援防禦，結果遭到大規模俄軍突襲，全員英勇奮戰，擊殺不少俄軍。雖然隊員們一路且戰且退，但仍遭到地面火力跟無人機的雙重圍攻，在撤退過程中不幸陣亡三名隊員。倖存負傷的隊員則在烏軍的接應下勉強逃離戰場，這是繼諾沃塞利夫斯克總攻略戰後，B連再次遭逢的重大傷亡！

經此一役，諾村重新回到俄軍的掌控，九十二旅跟B連也放棄派遣地面部隊爭奪的計畫。

從總攻擊開始至今連續的反覆爭奪和消耗，即使成功重創當地俄軍，烏軍自己也損失不少裝甲戰力跟兵力。這讓軍力本就處於弱勢的烏軍在調度上更是捉襟見肘。在缺乏村莊建築的掩護下，俄軍自身也無力向村外擴大戰果。自此雙方演變成砲兵互轟的砲擊戰，偶爾上演裝甲部隊的零星對決，整個村莊淪為一個巨大的火力殺傷區，幾乎讓地面部隊難以生存立足。

收假前一天，剛好趕上陣亡戰友的葬禮，告別式辦在哈爾科夫市郊的墓園，B連僅剩的成員幾乎都到場，再加上一些營部和烏軍的人員、民間組織一同出席葬禮。

葬禮遵循傳統東正教儀式，由主持的神父拎著香爐，伴隨著一縷裊裊白煙，吟唱一連串的祝禱詞來回在三具棺材間環繞，為亡者獻上祈禱、願亡者安息。陰沉的天空飄著小雪，現場更顯得一片哀淒，冷冽的寒風刺骨吹得令人心寒。最後由隊友獻上弔詞的時候，很多人都繃不住了，無不淚流滿面，想起逝去的蒂莫西我也不禁潸然淚下，尤其是三排的日本人跟法國人更是哭得撕心裂肺、不能自己。

我們上前去互相擁抱，安慰彼此。

葬禮結束後，坐上車準備返回基地村莊報到。自此我再也沒有見過他們兩位，或許在面對同胞和親密戰友一連串的過世，受到的打擊實在太深，只能選擇黯然退出兵團。

烏克蘭成為許多人心中永遠的痛。

側寫（五）冰天雪地的休假日

二〇二二年年底，因為連續數個月的作戰，部隊蒙受不小的傷亡，戰友死的死、傷的傷，不然就是黯然退出志願軍、離開烏克蘭，我們排最後只剩下個位數的作戰人員。

適逢冬季的來臨，由於嚴寒跟大雪，一切的軍事行動都將因為「冬將軍」而暫緩，於是部隊進入休整訓練期，準備接納新兵重新整編部隊，等待一、兩個月後，風雪停止、大地冰凍，為「可能」來臨的冬季作戰準備。

於是我們幾個倖存的老兵，就被長官要求趁現在沒事放假去，趕緊把今年的年假放完（國際兵團規定每年有兩週的帶薪休假），暫時讓我們從連續緊張的戰事解放出來。

這次的長假就跟戰友跑到基輔觀光。

離開戰區，除了一般知名的觀光點之外，結果看得最多的還是跟軍事有關的東西。我們去參觀了擺放在聖米迦勒金頂修道院前、被擊毀擄獲的俄軍裝甲車以及「當地衝突博物館」（Музей локальних конфліктів）。

我們人在基輔休假的當時，氣溫是攝氏零下十五度

第六章

重生

12月20日至1月1日　持續訓練的日子

回到基地村莊後，原本說要部隊轉移並再整編的命令取消了，取而代之的是大量從訓練營出來的新兵被派駐到前線補充連隊的缺額。在我們放假的這段時間傑伊接任排長之職，開始遵從連長的指示著手安排各項訓練。每天的日子都很單純，早起後不是運動就是短距離的行軍負重訓練，下午則進行包含實彈射擊的武器及戰術訓練等。

在十二月的最後一週，連長親自帶領全連至哈爾科夫近郊的烏軍營區，進行為期一週的聯合集訓。可能是鑑於之前的任務總是會伴隨大量傷兵的產生，其中有將近一半的時間都是戰傷救護跟相關戰術的訓練，期望人人都能夠在戰場上救己救人，減少人員不必要的傷亡。

集訓在一年的最後一天──跨年夜當天結束，連長識趣的給我們放兩天假去慶祝狂歡。我們全排一同跑去餐廳慶祝第一排的重生，除了增進團隊情誼，也暢談未來，各個都摩拳擦掌準備上場投入這場偉大的正義之戰。

我來到烏克蘭不過數月的時間，不曾參與那些受國際各方關注的重大戰役，稱不上是什麼身經百戰的老兵。真正的老兵所剩無幾，不是離開就是逝去，望著這一群未經戰火洗禮的新兵，想著他們將會成為部隊的主要骨幹，心中隱隱有些不安的感覺。只期望我們這個重生單位以後能夠向著比較好的方向發展。

結束後回到旅館，聽著早已司空見慣的防空警報聲響起，「碰——」猶如一聲悶雷響起。看來這一波空襲炸進了哈爾科夫市區，不久便迸發一連串璀璨奪目的火花。這不是爆炸所產生的火焰，而是俄軍這一波空襲無意間擊中一家煙火工廠，點燃無數存放在廠內的產品，引得無數居民爭相錄影觀看，也為二〇二二年劃下句點。

但，二〇二三年戰爭依然持續著。

B連進行訓練

戰術射擊訓練

1月2日至2月2日 冬眠

完成與烏軍的集訓後，全連又回到基地村莊。

養在安全屋的狗兒，一段時間不見以為我們拋棄了牠，看到我們總算回來，興奮地搖著尾巴，死抱著大腿不放。此時村莊已經被靄靄白雪覆蓋，呈現一片雪白的世界。

這時聽到些來自上級的傳言，部隊將等到大雪停止，天寒地凍、泥地全部都凝結成冰，適合裝甲、坦克等重型車輛能夠順利通行的狀態後，屆時將會發起大規模的冬季攻勢。

在時機成熟之前，我們只能窩在安全屋每天生火取暖，閒暇之時進行一些必要的體能訓練和戰術射擊訓練，避免冬季過於懶散而導致手腳生疏。偶爾聽聽烏軍的砲擊聲，又或是看著「海馬斯」（HIMARS）火箭彈，拉出長長的尾煙飛向遙遠的俄軍方向發射出去。

期間我們單位又陸陸續續補上不少新人，有些是新報名的志願者，有些是從其他單位調過來的老兵。而最初帶領我首次踏上戰場、一起在彼得羅巴甫利夫卡村執行任務的捷克籍排長朗德也回歸我們排。頓時整個排上熱鬧非凡，顯得生氣勃勃，讓我們排瞬間擴充到三十多人這前所未有的人數。

然而人一多自然就不免有摩擦。很快的，排上便分成傑伊為首的新兵派和艾瑞克、朗德組成的老兵派，兩派對於訓練和排上的管理產生了分歧。

問題的起因在於國際兵團給予各排極大的民主和自治管理權，儘管能有效整合一群外國志願軍在同一單位，使整合及指揮調度上更為靈活，但麻煩的是眾人都沒有所謂的官階上下之分。排內推舉出來的幹部也沒有絕對命令權，當出現意見對立的時候，就會出現誰也不服誰的情況。

最終演變成我們雖是同一個單位，卻分裂成兩組各自獨立的人馬。表面上雖然還是服從排長傑伊的樣子，私底下卻是各自分開，各搞各的訓練活動。沒有選邊站的我就被夾在中間難做人，為了團體的融洽我只能無奈選擇兩邊的活動都參與，一時之間倒還相安無事。

除了排內的糾紛令人心煩之外，同時我又接收到新的噩耗。透過網路消息得知以前跟我在法國外籍兵團同一個連隊的烏克蘭籍戰友，當初為了保家衛國，果斷逃離外籍兵團回來烏克蘭參戰，結果最近不幸在前線陣亡。他身上的法國證件也被搜了出來，讓這件事情引起一陣不小的騷動。這讓我想起一陣子沒聯絡，那個曾幫助我進入烏克蘭的弗拉德，自從醫院一別之後就沒有再見過面了。

我拿起手機向他發出訊息，打算關心他目前的最新狀況和求證法外戰友陣亡的真偽。數個月過去，弗拉德始終未讀訊息，連之前的訊息也沒有讀，最後上線的時間始終停留在同一刻，至此我只能判斷弗拉德或許也已經為國捐軀了。

在隆冬大雪之際，我獨自繞著村莊慢跑，不斷吐出白色的霧氣，想著弗拉德、想著蒂莫西，想著以前排上那團結和諧的氛圍，我們透過一同奮戰所建立的革命情感。那段美好的時光似乎再也回不去了……。

向烏東方向增援的裝甲部隊

2月3日　戰火再起

在我們待命的這段期間，戰線也傳來捷報。

烏軍吹響反攻的號角，一鼓作氣奪回失去的諾村，並且一路攻陷俄軍的車站防線，截斷俄軍的補給鐵路線，徹底掌握諾村的控制權。此地的俄軍因此被迫全軍退守到鐵道東側的庫澤米夫卡村。

新任務隨之而來，我們將派遣人員前去支援烏軍防守車站防線，鞏固辛苦打下來的成果。照理來說像這樣前往全新未知據點的任務，理應選擇有經驗的成員作為團隊的探路先鋒，例如：以我們這些曾經在諾村一帶反覆行動過，且熟知地形的老兵執行為妙，在任務過後再將詳細的現況跟經驗傳授給新兵。

由於內部的分裂，新兵派的排長傑伊，執意這次行動要與新兵組成行動小隊執行任務。傑伊給出的理由是我們這些老兵出過太多次任務，需要把機會讓給新兵磨練跟體驗戰場。老兵派雖然不贊同，但是看在傑伊是排長的份上，只能尊重他的決定。

包括我在內的老兵只能目送這批新兵小隊出發（雖然我盡量保持中立，不過還是被定位在老兵派），餘下的留守老兵則編組成快速反應班（QRF, Quick Reaction Force），以應付前線可能需要支援的突發狀況。那晚我們守著無線電，時刻關心戰區的情勢，那一夜我沒有睡得很熟。

夜半，艾瑞克突然衝進我的房間大喊準備要出發前往支援前線，說傑伊率領的小隊在前線據點遭遇敵人的攻擊，經過一番交火過後彈藥幾乎告罄，尤其是他們隊伍唯一的機槍PKP的彈藥，需要我們立即從後方送上補給。

自從穆森離開後，彈藥就沒有人在管理，這工作自然就落在睡在彈藥架旁的我身上。聽聞後我立刻翻身下床，從旁邊的彈藥架搬出所有PKP用的七．六二×五四公厘彈藥。由於這次任務傑伊小隊幾乎把所有PKP用彈鏈都帶走了（俄式機槍不同於北約式，彈鏈都需要回收反覆利用並自己裝上彈鏈），我只能挖出剩下還沒串上子彈的零散彈鏈，一群人七手八腳把子彈一顆顆串上彈鏈，同時備好幾箱步槍用的五．五六公厘彈藥裝上皮卡準備送上前線。

正當我穿好裝備揹著彈鏈走出來時，艾瑞克及其他人已經坐上車準備出發，艾瑞克接過彈鏈說道：「陳，車上已經沒位子了，你不用跟我們去，回去睡覺吧！」就帶著四人彈藥運輸小組出發，我又只能再度眼睜睜目送隊友離去。

躺在床上一夜未眠，直到上午，聽到睡在旁邊的狗兒起身邊吠邊叫衝出去迎接歸來的艾瑞克等人，一顆懸著的心才算放了下來。聽麥斯轉述，原來是身處防線最前沿、負責機槍的新兵，可能是初次上陣以致過於緊張，在看到黑影不確定是否為敵人之下，盲目開火掃射而陷入彈藥告罄的窘境，並非是如無線電裡聽到的與敵人激烈交火所致。

隔天，在經過四十八小時的防守任務後，傑伊小隊總算平安歸來。

第七章

廢墟中掙扎

2月10日 暴雪中的庇護所

人力充足之後，傑伊小隊的行動同時也是重編後的B連首次執行的任務。之後由三個排（第一排也被調回B連）派人輪流出勤，在將近一週的時間過去後，再度輪到我們第一排負責派人執行任務，這次由副排長朗德所率領的老兵派成員組成的小隊出發前去據點防禦，這也是我睽違兩個月後的首次任務。

夜晚，烏軍裝甲車一樣將人載到諾村外圍的樹林，我們再步行穿越村莊。跟最後一次進入的諾村相比，在歷經兩個多月砲火的摧殘，村莊已經完全變成廢墟，幾乎被夷為平地，很難找到一棟完好的建築。任務當天正颳著大風雪，卻依然無法掩蓋戰場所產生的各種難聞氣味和煙硝味，旺盛的火焰仍舊頑強地在寒冬中燃燒著，為一片死寂的村莊更添幾分詭異感。

我們艱難地在風雪中緩步推進，隊伍甚至一度走丟。路上皆是俄軍跟烏軍在一番大戰後遺留下的裝甲殘骸，不難看出之前雙方所進行的裝甲大決戰有多激烈。穿越之前因砲火引起的大火，最終化為一片焦土的俄軍樹林陣地，接著跨過鐵軌正式踏入庫澤米夫卡村這不曾來到的未知區域，找到位於工廠旁僅存的幾棟還算完好的建築。

那裡便是我們即將接防的前線碉堡。

說是前線碉堡，到底就是用沙包臨時加固防禦工事的簡陋破屋。透過兩個對外的窗口監視著對面四〇〇公尺外藏在樹林裡的俄軍陣地，屋內堆滿各式口徑的彈藥、手榴彈、火箭筒、單兵防空飛彈等，可以說是應有盡有。我猜想可能是據點防禦的關係，大家懶得每次都要背負沉重的武器、彈藥來回，就把通用的彈藥和武器都留在這邊，甚至瓦斯爐、咖啡、水跟糧食也留下不少。我相信就算沒有來自後方的補給，這個據點也能獨力撐上好幾天。

屋旁有一個小地窖供輪班的人員躲藏休息，最大的缺點是地窖實在太小，幾個全副武裝的大漢進去只能坐著睡覺。每次換班都必須頂著被無人機發現或被砲擊的威脅，冒險穿過一小段露天地段才能進到屋內。為了避免危險，大部分人都會小便在寶特瓶內，等滿了再丟出去外面，減少不必要的外出頻率。

砲擊並沒有因為大雪而停歇的跡象，隆隆的砲火聲不絕於耳，大地也為之震動，坐在地窖裡看著天花板的石灰簌簌落下。失去諾村這個重要戰略要地的俄軍似乎也被逼急了，開始無差別大規模砲擊村莊，企圖將整個村莊化成一個巨大的殺戮區，勢要把每一寸土地都炸翻過來，讓潛伏其中的烏軍和我們無所遁形。在少了建築物的掩護，每一支小股部隊都被迫龜縮於埋在廢墟下的地窖。

那些繼承自蘇聯時代遺留下來的鋼鐵洪流，曾讓歐洲諸國膽寒的俄軍裝甲部隊，隨著戰事的接連失利，也不敢再肆意出現在戰場上。曾幾何時這些耀武揚威的坦克，如今也只能當作支援火砲使用，抬高砲口的仰角，用最大射程毫無準頭的隨機砲轟目標區域。轟完幾發後便加速逃逸脫離戰場，僅為村莊又多製造了幾個彈坑。難得一見的烏軍戰機也不慣著它們，巡弋過戰場上空，嚇得俄軍坦克沉寂好一段時間，無法猖狂起來，為村莊防禦部隊換得短暫的安全。

任務出發前
直升機支援

遭轟炸過後的
碉堡據點

前來支援的戰機

2月16日至3月3日 崩壞的開始

由於目前單位人力充足，所以我們排主要分成三個班輪休，由第一個班執行任務；第二個班擔任支援的快速反應部隊QRF班；第三個班則是休息整備，以這樣的方式形成：任務、休息、待命的順序。

一週後，輪回我們一排負責派人防守據點。這次是由剩下還沒出過任務的新兵組成任務班來執行，最後一次剛出完任務的我則處於休息中的狀態。

新兵小隊才出發沒幾個小時，就聽到無線電傳來急促的呼救聲，說他們在穿越村莊的時候踩到地雷，造成兩名人員受傷需要支援。聽聞這個消息，負責QRF班的艾瑞克立刻帶上包括麥斯和新任醫護兵雷夫在內的六名隊友火速趕往支援。在經過一夜的等待後，終於傳來兩名傷兵被成功從戰場救出並送往醫院治療的消息。艾瑞克的QRF班直接留下來接手防禦任務，補充損失的人力。

本以為這次的風波到此結束，沒想到隔天前去換防的第三排，在前往的路上被俄軍火砲襲擊，當場造成一死一傷，最後是在艾瑞克小隊的掩護支援下，才艱難地撤離出戰區。但在撤離的路上，小隊仍持續被砲火襲擊，當下也讓艾瑞克跟麥斯分別負傷。眼看他們兩人坐在車上被送回來，繳回武器和收拾行李準備前往醫院。艾瑞克因為砲擊而導致手臂受傷和骨裂，麥斯則是被近炸的火砲震波給震碎一邊耳膜。所幸兩人的傷勢都不嚴重，但都需要進一步檢查和治療。

這一次行動一下子就讓我們排失去四名戰力。

幾天後傳來不幸的消息。之前踩到地雷的隊友經過搶救最後還是回天乏術，死在醫院裡。他才剛加入我們部隊不到兩週，我甚至連他的名字都還不知道，就在首次的任務中陣亡！

還沒從這當中緩過來，噩耗卻接踵而至。在我前往哈爾科夫去接新到部成員的時候，傑伊竟然猝死！原因是傑伊有長期酗酒的習慣，引起胃出血和心肺衰竭，結果送醫不治，我再度失去我的排長。

恐懼是會傳染的。

或許是因為之前任務的死傷，再加上親臨戰場面對生死的巨大壓力，許多剛加入、原本還躊躇滿志的新兵都陸陸續續離開，最終超過一半的人退出。我們第一排的人數瞬間驟降成十二人，到頭來什麼輪班休息制度，還是老、新兵派的鬥爭，在戰火巨大的威脅下都蕩然無存、毫無意義。

回到安全屋內，這屋子才熱鬧了沒多久又再次回歸冷清。看著空蕩蕩的床位讓烏克蘭的冬季更顯寒冷，唯一不變的是忠心耿耿的狗兒依舊守著房子。對於不斷來來去去的人們，疑惑的牠已經搞不清楚哪些是自己人，哪些是陌生人！

所謂的第一排老兵只剩下我跟安納托利而已，這個認份的烏克蘭老者，依舊沉默地劈著燒火用的木材。隊友的生死與離去似乎都與他沒有太大的關係，直到看見我回來才抬頭帶著微笑對我打招呼。從軍多年的他從開戰之初就一路戰鬥至今，可能早就看淡生死，習慣我們這些來來去去的異鄉人吧！

3月6日至3月8日　傷亡不止

排上沒人之後，又回到每次出勤必有我的日子，一樣的老任務、一樣的老位子。投入這場戰爭數月，心中早就沒有什麼波瀾，不論興奮還是恐懼都不存在，每次的任務就如同上班打卡般，只是這是賭上性命的班表，將近五〇％的傷亡率就擺在那邊。

多少能夠體會到安納托利這樣的戰場老兵的心情。在這個大時代，我們就如同蚍蜉般那麼的渺小無力，只能任由命運的安排決定生死。能夠在戰場生存下來，依靠的不是軍事技能也不是人生的經驗，而是「運氣」。透過一次次與死神的博弈、勝出，然後活下去，再等待下次的賭局。我們唯一能做的就是坦然面對自己的命運。

從一開始乘著BTR－4裝甲車到後來乘MT－LB裝甲車前往戰區，經過一連串的戰鬥，烏軍也損失了不少地面載具。如今前往戰區的運載任務都交給MT－LB這種老舊的車輛，難以進出的狹窄車艙是最為人詬病的地方，大家寧願選擇坐在車頂吹著冷風。MT－LB如同一輛老爺拖拉機，「嘟—嘟—嘟—」的引擎聲伴隨著滾滾黑煙，在明月照亮下搖搖晃晃地行駛在烏東遼闊無際的平原上。然而，四周過於寂靜的田野，彷彿在預示著這是一場暴風雨前的寧靜。

縱然換成老式的MT－LB，烏軍仍舊不敢大意。下車的地點遠在諾村好外一段距離，我們隊伍必須長時間冒著暴露在砲擊下的風險，踏過雪地爛泥，一路穿越樹林跟廢墟，走上將近五公里才能到達防禦據點。

費時兩個多小時總算與據點的第三排交班，開始長達四十八小時的枯燥盯哨活動。比起夜晚，白天的俄軍火砲更為猛烈，粗估每日都可以達到上百發的投放量。萬幸俄軍的火力都集中在村莊跟車站一帶周邊的工廠，並沒有發現我們這座最前線的小屋碉堡，否則只要招來一發巨砲，我們將跟著房子一起灰飛煙滅。

與之相比烏軍的火砲簡直完全熄火，自從攻下庫澤米夫卡車站後，來自後方的支援火力幾乎全無。或許腹地廣袤、建築過於零散的庫村，以及茂密的樹林群給了俄軍許多躲藏的地點，使得烏軍無法有效鎖定目標，在惜彈如金的情況下，想藉由砲兵對敵方施加壓力已成奢望。

想要從毫無掩護的中央田園進行突破，無異於自殺的行為，各自掌握擁有的地利，誰也無法進一步擴大戰果。雙方就此陷入對峙的僵局，只留下幾具俄軍的屍體躺在田野中間，任由成群結隊的流浪狗啃食，彰顯貿然發動進攻者的下場。

碉堡盯哨、地窖坐睡，反覆輪流熬過艱苦的四十八小時任務，但前來換班的二排卻嚴重遲到。從無線電聽出二排在前進的路上遭到區域火砲的轟擊，被迫躲藏尋找掩護，因此耽擱不少的時間。就當他們快要抵達小屋碉堡的時候，我甚至都已經能從窗邊聽到他們小隊正走路過來的聲音，此時「啪－啪－啪－」幾發連環的爆炸聲從屋外響起，隨後便聽到一陣騷動，傳出陣陣哀號聲。幾個二排的人從窗口跳進屋內，驚慌說著有人受傷需要幫忙，眾人趕緊衝出屋外找到動彈不得的傷兵，七手八腳拉進地窖裡搶救。好在兩名傷者一時都無生命危險，於是準備後撤的我們便多了個運送傷兵的任務。

一名傷患在攙扶下還能勉強走路，另一名則完全喪失行動能力，被我們固定在擔架上。準備好出發後，我們靜待俄軍砲火的沉默，待時機成熟後，隊長朗德一聲令下，大夥一起抬起擔架衝出地窖。朗德負責扶著另一名傷患前進，每個人都知道這是場與時間的賽跑，扛著擔架的小隊就是一個明顯的大目標，唯有在被發現之前越快脫離俄軍火砲射程才能保證全員的安全。

我們一刻也不敢耽誤，縱使再累也堅持撐下來。一路沿著廢墟掩護，小心謹慎地前進。多虧這幾天明月高懸，皎潔的月光不只為我們照亮前路，還令我們幸運發現埋藏在廢墟中的兩顆反人員地雷，使隊伍巧妙避開危險，並想到這應該就是之前炸死隊友的地雷。

閃過地雷的埋伏，俄軍的火砲卻沒放過我們。幾發砲彈又落在我們後方不遠處，不過我們移動的速度似乎快於火砲修正速度，才能夠驚險逃過一劫，直到跑到村口外才暫時脫離危險。

我們將傷患安置在安全的地方，呼叫烏軍派遣車輛前來支援，並坐在廢墟中枯等交通。誰知這一等就等了兩個多小時，前來載運傷患的竟然是一輛坦克！

當下沒有選擇的權利，乘坐坦克前來支援的兩名二排戰友，在幫忙把傷患搬上坦克車頂後，二人便獨自向著前線碉堡出發，消失在濃霧之中。我們也爬上坦克，塞滿整個車頂，坐著坦克晃悠悠返回基地村莊。然而，惡劣的路面讓坦克半路拋錨，又耽擱不少時間，直到烏軍又叫來另一輛坦克，利用鋼索一路拉著我們的坦克才脫離困在路上的窘境。豈料負荷太大，拉著我們的坦克在快到達村莊時也跟著拋錨了！

最後是路過的軍用卡車順路載我們一程，歷經波折，從前線碉堡出發，耗時四個多小時才將傷患送往村裡的野戰醫院治療。幸好兩人傷勢暫時不危及生命，不然這如此長時間的後送過程，對於緊急的傷患可能就會直接死在半路上。

運送傷兵脫離戰區

搭乘烏軍坦克
脫離戰區

3月18日至3月20日　煙硝彈雨中的疾馳

中間將一次出任務的機會讓給剛到部的新兵，隔週繼任的新排長，曾在加拿大軍隊服役數十年的傑克便又指名我加入任務隊伍，此次行動還帶上兩名初上陣的新兵。

隊伍成一路縱隊在黑夜中緩步前行，由排長傑克帶著已經出過幾次任務的新人打頭陣。剛加入的兩名新兵走在隊伍中間，我和安納托利則留在最末端押隊，以防有人在黑暗中落隊走失。就在一切都看似順利的時候，陣陣火砲又逐漸落在我們附近，兩百公尺、一百公尺、五十公尺，落點步步逼近，開始懷疑起這波攻擊是不是在針對我們。我們距離碉堡小屋剩下不到五十公尺，傑克讓大家趕緊加快腳步。話音未落，幾發榴彈發射器所射出的榴彈已經炸到四周，確定我們是已經被鎖定了！

眾人下意識地趕緊臥倒，一波轟炸過去，就聽到傑克的聲音從漆黑的夜裡傳來：「跑！大家快跑！」這時也顧不上什麼隊形還是隊友，每個人都用盡全力死命往碉堡方向狂奔，我才剛站起來沒跑幾步，突然腳下一空，直接摔入一個巨大的彈坑中跌得滿臉都是土。就在這剛跌入的一瞬間第二波空襲也陡然而至！頓時火光四起，十幾發榴彈炸在我身旁，這是我參與戰爭以來，落點距離我最近的一次攻擊，此刻心中升起一個念頭：「我要死了！」我只能摀著耳朵抱頭趴在洞中，靜靜等待死亡的降臨。

爆炸過去，意識到自己沒死也沒受傷。這一跌讓我又幸運躲過一劫，還沒來得及慶幸，我隨即想起跟在我後面的安納托利恐怕是凶多吉少，抬起頭大喊著他的名字。

「我在這，我很好，」安納托利的聲音從我身後傳來。回頭一看，原來機警的他也在最後一刻跳入這個彈坑中躲避。我邊說邊拉著他爬出這個深坑：「太好了！太好了！我們得快點離開這裡。」

兩人一同繼續向著小屋跑去，這一耽擱我們已經跟丟跑在前面的傑克等人，直到第三波的攻擊落在前方，透過濺起的火光我才看到傑克他們幾人的身影，並先行一步跑進碉堡。

火光一熄滅周邊又陷入一片黑暗，以為我失散的三排弟兄大喊著我的名字為我指引方向：「陳！在這裡，快跑呀！我們在這裡！」我一個箭步從屋後的窗口翻進去，回頭一喊：「安納托利！」他沒跟上我的腳步，而是從屋旁另一側崩塌的門口翻滾進來。

清點確認全員到齊，接著就是確認傷勢。

這幾波的攻擊對傑克造成了傷害，鮮血染滿他的上衣和褲子。小心翼翼脫下他的裝備後，我接著用醫療剪刀剪開他的衣服檢查傷勢，經確認傑克的腋下和大腿都遭到彈片扎傷。雖然不構成致命威脅，但也無法繼續遂行作戰，必須得後送接受進一步的治療。我幫他包紮完傷口後，一旁的新兵也喊著背部好痛，可我檢查老半天也沒發現傷口跟受傷的跡象，沒好氣地拍拍他：「你沒事！好得很。」

商議過後，傑克將隨三排的弟兄一同撤離，由另一名加入我們排一段時日的前芬蘭軍官亞歷克斯接手指揮。交接完防務後，傑克就與三排一起離開返回撤離點。

誰知就在他們出發沒多久，三排就透過無線電呼叫說他們遭到火砲襲擊，又有兩名隊員受傷急需要支援！他們目前正躲在某個廢墟裡救治傷患。

我們的新任務是與三排會合，並協助他們一同運送傷患至五公里外的撤離點，完成後再返回前線碉堡。面對如此艱巨的任務，亞歷克斯只能派出最經驗老道的我與安納托利前往支援。雖說才剛脫離鬼門關，但我還是帶上無線電，夥同安納托利踏上這既危險又艱難的路程。

透過這幾次的轟炸，判斷我們前往碉堡的既定路線已經被俄軍掌握。於是我決定冒險開闢一條新路線，直接穿過被炸得亂七八糟的工廠與三排會合。在缺乏夜視鏡的情況下，我跌跌撞撞地在猶如巨大迷宮的廠區裡尋找可行的道路。但倒塌的建築跟滿地散落的建材，還有隨處可見的彈坑形成了障礙，不斷阻斷我們的去路，手中的電子地圖早已不具參考性，還是靠夜間眼神銳利的安納托利在廢墟間找到可以翻越過去的間隙，花上不少時間才走到與三排會合的定點。

藉由工廠巨大的廢墟群作掩護，總算安全走到三排無線電裡說的躲藏建築，一看卻是人去樓空，在周圍繞尋半天一個人影也沒見到，眼看砲火又即將來襲，開始落在附近，焦急的我用無線電呼叫三排的人，深怕搞錯會合地點。豈料三排隊長認為這個地點過於危險不宜久留，且受傷的兩名傷患還有自主行動的能力，於是便帶隊先行離開，通知我們不需要前來支援。

三排是暫時脫離危險，可我和安納托利反而陷入砲火的威脅。不知道這是針對三排的攻擊還是我倆的行蹤被發現，不同於之前的小型榴彈，這次換上口徑更大的火砲，一波波的砲火正朝著準備返回的我們猛轟。無法繼續前進的我們只能就近找了面巨牆，蜷伏在牆邊，試圖減少被彈片擊中的可能。

四濺的火光夾雜著飛舞的塵土和石塊籠罩著我們，「這次真的死定了！」

在我不禁這麼想的時刻，無線電傳來連長呼叫我的聲音，急切詢問我們的狀態和位置。

趁著砲火稍停的間隔，趴在地上的我勉力按下通話鈕，用猶如呼喊遺言般的聲音大吼：「我們在折返碉堡的路上，但我們正在被砲擊！」

剛一說完，又是幾發砲彈落下，我倆死死地壓低身子連頭都不敢抬起，同時還能聽到無人機在頭上盤旋的聲音，不確定是敵是友，如果是俄軍的話那就是在確認我們的生死，當下只能一動也不動的趴在地上裝死，等待無人機離開，同時心裡大聲咒罵，腦海中人生跑馬燈也快速跑過。

不過無人機似乎沒有要離開的跡象，依舊在我們上空附近盤旋。我們身子始終保持不動，趴著討論下一輪的行動，結果決定賭一把，想著與其把命運交給上天不如靠自己搏一搏，換來那一線生機，說好利用砲火一停下來的間隔，就立刻跑進工廠區躲避。

關鍵在於速度，生存的一絲機會就在這一瞬間！

直到最後一發砲彈炸開，火力一停歇，安納托利喊著：「就是現在，跑！」

我迅速爬起身，帶頭沿著牆面奔跑，一溜煙就鑽進廢墟的縫隙之間。廠區高聳的建築物暫時給我們些安心感，但我們一刻也不敢鬆懈，用盡最快的速度穿越建築之間的小路，透過東躲西藏企望甩掉無人機的監視，來到最後一小段的空曠地，是傑克跟二排弟兄之前被炸傷的地方，也是最危險的區段。我們停在牆邊吸口氣，數完三聲，便一股腦作最後的衝刺，狂奔進碉堡小屋。

坐在地上氣喘呼呼，不敢相信我們活下來了，擔心不已的亞歷克斯看到我們平安歸來，總算如釋重負，一面說我們幹得太好，一面向連長回報我們安全抵達，稍後也聽到三排成功撤離危險區的好消息。

看來我又再度從死神手中贏得繼續生存的權利。

五個人、六十個小時的據點防衛，除了第一天面對生死關頭，另外就只有第二天側翼的烏軍發生過小規模的交火。看到在對面樹林裡穿梭的小股俄軍，我隨即朝向他們發射幾發槍榴彈，拿著狙擊槍的亞歷克斯也試著開幾槍。不過面對這樣的距離也很難奢望會造成殺傷，只希望能給俄軍一些威嚇，減緩對烏軍據點的進攻壓力。

換班的時間來臨，有了幾次的前車之鑑後，這次亞歷克斯將隊伍分為兩組人馬，前後不同時間出發，減少因攻擊帶來的傷亡：由我跟亞歷克斯先出發開路，隨後再由安納托利帶著兩名新兵跟上。就這樣我們馬不停蹄地疾奔，在俄軍發現我們之前跑出火砲射程，順利平安完成這次驚險的任務。

回到基地村莊，一起出任務的兩名新兵，一名撤離時扭傷腳踝、一名背部疼痛，一同被送往醫院檢查，自此我再也沒有見過他們兩人。

拂曉之前撤離村莊

3月26日至3月29日　掘屍行動

前線碉堡交防給三排後的第三天上午，碉堡就遭到俄軍火砲直擊，造成一死兩重傷，醫護兵雷夫聽聞後立刻跟著二排組成的QRF小隊前往現場救援，傍晚時分就看著雷夫一臉疲倦地回來。他向我們展示現場的影片，可以清楚看到整個房屋被炸塌，三排排長全身被埋在瓦礫堆下直接陣亡，在睡袋中的他緊閉雙眼於睡夢中逝世，走的時候至少沒有痛苦。

在缺乏土工器具的情況下用人力將遺體挖出來簡直是天方夜譚，QRF小隊只能先將兩名傷者護送撤離。

碉堡被摧毀的兩天後，我們一排受命回去前線重新建立新的防禦據點。新的防線稍微往後收縮，將建立在原碉堡後方不遠處的工廠區，雖然視野不如原本的好，但是高聳密集的廠房也給予一定程度上的保護，減少人員的持續傷亡。

——

凌晨天還未亮，開拓小隊在朗德的帶領下，我、安納托利、亞歷克斯、雷夫再加上新兵喬，扛著土工器具、千斤頂等工具向著諾村工廠區出發。如果情況允許的話，將試著將戰友的遺體給帶回去，而我們六個人就是第一排僅剩的全部戰力。

小隊在黑暗中一番搜索，總算在坍塌的廠區間找到一間類似工寮的房屋作為防禦據點，後方一個有著巨大漏斗跟輸送帶的地下室作為防空避難所，分配好放哨的組別，再度接續防線的監視和固守任務。

不知道是不是我們的行動被俄軍給發現，又或者只是單純的巧合，在我們安置完據點後，俄軍用鋪天蓋地的砲火向著工廠區猛炸，幾乎不停歇，其中更有一發一五二公厘砲彈直接落在地下室外面不遠處，爆炸所產生的強烈震波透過空氣的傳導衝擊全身，令人膽戰心驚。若非有堅定的意志，只怕當場就會被嚇得心神俱失。

危機不止於此，戰線到白天變得更為熱鬧。滿天飛舞的無人機在附近的空域來回盤旋，就像蜂群般籠罩在我們頭頂，有如揮之不去的夢魘。縱使我們想趁火砲停歇的時候去挖掘遺體，但在亞歷克斯試著聯絡指揮官確認附近的無人機是敵是友後，得到的回答卻是：「這個戰區有三十多架無人機在偵察，我們也無法確認你們頭上的是敵軍還是友軍的，」聽到這樣的回答，我們只能暫時打消念頭。

一聲銳利的尖嘯劃破空氣，巨大的震顫和爆破聲也隨之傳來，「是坦克砲！」在屋內同一組站哨的我、亞歷克斯還有新兵喬，不約而同都迅速臥倒在地上。

一聲爆炸過去後，數發刺耳的尖嘯聲跟爆炸緊接而至，俄軍坦克正朝我們的位置連續開砲！坦克砲彈不停地炸在據點附近，要是有一發砲彈直擊據點，我們將會落得同三排排長一樣的下場，身死瓦礫堆中！

亞歷克斯趴在地上用無線電呼叫砲兵支援，說：「你們再不火力支援，我們都要死在這裡！」為了鞏固這條戰線中央唯一的據點，期盼已久的烏軍火力支援終於來臨。一輛戰區附近隱匿許久的烏軍坦克直衝村莊，向著俄軍坦克所在的方向施以反擊，被攻擊的俄軍坦克也改變目標開始轟擊烏軍坦克，爆發一場坦克對決！

雙方坦克來回互轟，被夾在中間的我們為防被流彈波及，只能趴在地上祈禱烏軍坦克能夠取得勝利，助我們脫離險境。這場戰鬥沒有持續太久，交鋒數回後，雙方都未能擊中對方，避免被主宰戰場的砲兵給炸掉，俄、烏的坦克都不敢逗留太久，很識相地各自撤離戰場，為我們化解了這一場危機。

俄軍的攻勢尚未終止，下午又發起一波小部隊進攻，朝防禦火車站的烏軍突擊。幾番小規模的交火，似乎有看到俄軍的人影流竄到我們防區。朗德借走我的槍榴彈打幾發過去支援，最終烏軍守備部隊擊退來犯部隊，瓦解俄軍本日的所有進攻。

白天的危機暫時度過，晚上死神仍舊不放手。

我們所在的地下室天頂是由巨大的鐵製漏斗所構成，對這樣的防護性感到存疑，所以我們都睡在通道間的輸送帶下面，至少多一層水泥天花板跟鐵製輸送帶作為防護讓人比較安心。但輸送帶下面實在過於狹小，連翻身移動都很困難，喬就選擇睡在輸送帶上面。

躺沒多久，還沒闔上眼的我，就看到一發砲彈好巧不巧剛好落入漏斗之中。閃爍的火光從漏斗的縫隙中竄進來，震耳欲聾的爆炸聲響徹整個地下室，同時揚起一片塵霧遮蔽住口鼻和視線。

我邊咳嗽邊心想在輸送帶上面離漏斗最近的喬可能凶多吉少，才剛這麼想，就感覺到喬從輸送帶上面翻下來爬到我腳邊。經詢問，他幸運地毫髮無傷，我跟亞歷克斯還有喬三人趴在輸送帶下面不敢輕舉妄動，深怕第二發砲彈來襲，直到外頭沒有任何動靜，聽到在據點的朗德呼喊著我們，確認兩邊的人都無事後，才能夠稍微安心繼續休息。想到我們的位置似乎被完全鎖定，腦海中不斷想著會不會再遭受攻擊，不安的壓力加上寒冷，那晚我縮在輸送帶下卻一夜未眠。

清晨五點多，天色微亮，朦朧中聽到外面一陣激烈的交火聲，我立刻從輸送帶下面滾出來，拎著步槍衝進據點裡試圖釐清戰況。從無線電中得知，原來俄軍正重新組織一波更為龐大的攻勢。

據回報是由五、六十人組成的進攻部隊，甚至還有裝甲車協同，正向著烏軍據點發動猛攻，看來前兩日的砲擊跟小股進攻都是為了今日的總攻做鋪陳。知道此情形，朗德決定帶領幾人從側翼支援掩護烏軍，畢竟我們兩地的據點關係唇亡齒寒，要是烏軍防線被攻破接下來輪到的就是我們，屆時很有可能會被包抄截斷後路。我們這邊連機槍都沒有的六人小隊只有被圍殲的份。

——

我跟在朗德的後頭，在他的帶領下，小隊謹慎地穿越廢墟間朝著烏軍的位置緩步推進。此時沉寂已久的烏軍火砲終於甦醒發出怒吼，發發彈雨精準落在俄軍來犯的方向。我們推進到約距烏軍陣地兩、三百公尺左右停了下來，再往前就是一片毫無遮蔽的平原地段，要是繼續貿然推進很有可能會被捲入烏軍的砲擊之中。

交火的槍砲聲不絕於耳，朗德試圖透過槍上的倍鏡尋找敵軍的位置，破碎的戰場地形和廢墟群卻形成視野阻礙，無法偵察到敵人的位置和進行直射火力支援。在透過呼叫無人機小組確認敵方大概的位置後，朗德讓我用槍榴彈對二五〇公尺外的敵軍開火。在射出幾發後，槍砲聲漸漸平息下來，俄軍進攻部隊被我方密集的火力給擊退，這場激烈的交鋒造成烏軍七至九名的士兵受傷。

接下來一整天幾乎再無火砲聲響，俄軍的火砲難得靜默起來，看來俄方損失不少。經過這次的失利，估計短期內俄軍無法再發起類似規模的進攻。

我們沒有忘記此行的其中一項任務。

趁此空檔前往舊據點試圖挖出戰友的遺體，由朗德、亞歷克斯和雷夫負責挖掘，我則在一旁警戒護衛。

可惜此時天公不作美，下起了滂沱大雨，更增加作業難度，幾人鼓搗半天仍沒什麼進展，雷夫表示房屋的主橫樑剛好壓在上面，縱使使用千斤頂也無法撐起，需要用上電鋸鋸開橫樑才有辦法，缺乏工具的我們只好放棄這次的救援行動。

七十二小時的任務結束，交防後我們倆倆一組分別撤離，我與朗德是最後一組撤出。

烏雲籠罩整個夜空，四野伸手不見五指，再加上雨後的泥濘讓前進的道路舉步維艱。在穿越村莊廢墟的時候，我還踩空掉進比人還高的水井，幸虧水深及腰，不然這樣直接落下我肯定把腳摔傷，喊著朗德回來拉我一把才從水井爬出脫困。

走出村莊，接下來的爛泥路才是最難走的部分，因為視野全無的關係，完全不知道下腳的地方如何。滿地的彈坑跟倒塌的樹木總是會把人絆倒，每次都要費勁才能從爛泥巴堆中站起來，而沒走幾步路就又會跌倒。

這剩下三公里的路程簡直是用「爬」的才走完，三步一小跌、五步一大摔，摔得渾身火氣都上來，索性放棄走路，乾脆用爬的把路爬完，以減少每次站起來消耗不必要的體力。而這個用爬的方式還比用雙腿跌跌撞撞快上不少，我們超越先行的其他兩組，更快到達撤離點。

在工廠區建立的
新據點內部

前去支援
遭襲擊的烏軍

支援完烏軍後
撤回地下庇護所

第八章

戰場外的戰爭

4月2日 天下無不散的筵席

任務回來幾天後，新兵喬就選擇退出我們單位，緊接著幾天後我也開始收拾行李準備跟著離開。對我來說在這是我在一營B連最後一次的行動任務，離別的時刻已經來臨。

早在二月中的時候，我就從手機上收到一則來自烏克蘭國防部情報總局的訊息（GUR）。一名法國人透過通訊軟體發來一段語音，自稱是隸屬於情報總局下屬的國際特種單位其中的一支隊伍，該隊伍幾乎是由前法國退伍軍人跟前法國外籍兵團成員組成的，他們的指揮官更是法軍某知名特種單位退役。他們得知我也是前法外的成員，於是對我發出邀請。

起先對於這樣的訊息和邀請感到存疑，正常來說必須先得知我的手機號碼，才能夠透過這個通訊軟體聯絡到我。

我警覺地對那名法國人提出疑問，他表示是透過第一營的人事官取得我的資料，在看過我當初遞交的法國服役文件跟國際兵團的服役資料後對我感到興趣，便試著聯絡我。他甚至能夠說出我目前在國際兵團服役單位等資訊，之後透過一連串的對話交流，了解到他們單位的性質和目前的任務。對談間他還用上很多只有在法軍體系待過的人才知道的專用術語，自此我便不疑有他，與他談論更多有關加入的事宜。

該單位我早有耳聞，其實我也知道有這麼一個單位，只是當初一來沒有聯絡的管道，二來自認自己的實力不足以加入這麼一個特種部隊，所以也就作罷。如今他們主動對我發出邀情，令我感到喜出望外。然而想要加入也不是一件容易的事，我必須得先跟他們面試，並接受體能與戰術的考驗，通過重重的測驗後才能正式成為他們的一員。

我抱持著試試也無妨的心態，表達我願意見面詳談的意願。他們跟我約在哈爾科夫見面，不過雙方因為各自任務繁忙的關係，而且雙方分處兩地——一個在巴赫姆特（Bakhmut），一個在盧甘斯克，所以時間總是談不攏，這件事漸漸也就沒有放在心上。

——

三月中，在醫院治療數月的凱總算傷癒出院，但仍然需要復健才能夠恢復行走能力。此時兵團給凱兩個選擇：

一、解除合約退出兵團去接受復健治療；

二、同意回歸兵團，但是只能安排做後勤工作。

凱原先選擇先完成復健療程再重新返回兵團作戰，可是卻被一營的軍醫潑一桶冷水，認為他被截肢的腳縱使復健過後也無法勝任作戰任務，回來只能擔任後勤職務。不願意留下來做後勤的凱，決定退出兵團返回台灣接受更好的治療，並詢問我要不要一起回台灣。

歷經長達七個月的相處和作戰，我早已對烏克蘭這塊土地和人民產生感情，也跟許多戰友們建立深厚的革命情感，我一時之間難以割捨，總覺得自己做得不夠多，還能夠繼續奮戰下去。因此我跟凱說讓他先回去，不要錯過復健的黃金時期，我將繼續留在烏克蘭。

可單位內低迷的士氣和派系鬥爭，使我加深轉換單位的念頭。本想將這個想法在任務過後告訴當時的排長傑克，豈料他卻負傷送醫，面對單位的人力不足，只能將我的想法埋藏心底，持續地出任務，想著等新加入的新人培育起來成為單位的中堅力量後再離開。可惜人來得快去得也快，一批又一批的新人加入沒幾週，參與一、兩次行動後便退出，很多人我甚至連名字都還沒記起來就默默離場了。

看著老兵的凋零、新人的離去，以及猶如自殺般的任務，每次賭的都是運氣而非實力。縱使派遣最精銳的特種部隊來也毫無用武之地，終將陷入一樣的死局，無止盡地守著戰線，無力進攻也無法棄守，就等待哪天當上那個被炸死的倒楣鬼。前線需要的不過就是會開槍能守據點填戰線的士兵罷了，任誰來都能夠勝任。

歷經幾次的任務，自覺一身本事無從發揮，更加深我決定挑戰GUR的想法。

直接跟代理排長朗德報告，經連長同意後，乾脆直接退出一營，告別這個效力將近七個多月的單位，這段期間我想已經是對單位鞠躬盡瘁、仁至義盡了。

4月7日　離別的惆悵

這段準備離去期間，我們新建立的據點又被轟爛，沒多久又傳來一名二排的弟兄因砲擊而陣亡，不勝唏噓。

當執行完最後一次QRF班的工作，隔天便將陪伴著我征戰過大大小小任務的步槍給清潔保養乾淨，交出身上所有的彈藥，把床位整理好、行李都搬上車，再與一排剩下的人一一道別後，坐上車依依不捨回望著這生活好一段時日的基地村莊。

這裡實在充滿太多的回憶……。

對於我的離去，老戰友們和總部的人都表達遺憾和不捨，卻也沒有太多意外。對於我想去GUR挑戰更艱難的戰鬥和任務，都是致上誠摯的祝福和支持。

解除合約的手續相當簡單快速，把當初領的武器裝備都繳回、幾張文件簽一簽，最後得到指揮官的蓋章批准，過程也沒受到刁難，兩個小時後就完成全部流程，正式退出烏克蘭國際兵團第一營，回復成自由之身。

載我離開前線村莊、前往總部解除合約的人正是醫護兵雷夫。他在聽聞我想前往GUR的理由和志向後深表同感，一樣對目前單位的狀況和任務感到不滿，也萌生想加入GUR的想法，詢問我是否能夠一同前往跟GUR的人多聊聊。

這位前奧地利海軍的軍醫上尉，從二〇二二年三月戰爭爆發初期就加入國際志願軍，輾轉調到我們單位，透過一次次的任務都一再證明他優秀的能力和專業，更何況他還精通法語，就算加入全法語的隊伍我想也沒有任何問題。要是有這樣一位醫護專長的隊友在身邊，確實會讓人安心不少。

在聯絡過那位負責跟我接頭的法國人並徵得同意後，我將與雷夫一同前往面試，殊不知我們正一步步走向死亡的幽谷。

4月10日 偷襲

雙方約好時間後，早晨我與雷夫開著車前往對方指定的地點會面，是位於哈爾科夫郊區一個有些偏僻的小村莊。到達指定的定點後，與我們聯絡、自稱卡洛斯的「法國人」又傳來一個定位，要求我們必須把車停在外面，然後步行向著森林深處前進，直到走到盡頭就能看到一幢有藍色大門的房屋，那裡便是我們會面的地點。

基於研判會面的地點應該就是他們藏在哈爾科夫的「安全屋」，如同我們隱藏在村莊中的據點基地。會面前對方還要求我們必須身著便服和不能攜帶武器，當下我們也沒有想那麼多，畢竟對方是情報總局下具有神祕色彩的特種部隊，在這個到處都是間諜滲透的戰區，保密防諜的工作自然不能馬虎。

正當我跟雷夫還有說有笑地往森林盡頭處走去，突然我聽到一聲手榴彈拉開插銷觸發引信的「嗞嗞—」一聲，我身體自然反射地衝著雷夫大喊一聲：「手榴彈！」並迅速準備臥倒。

就在這電光石火的瞬間，我看到一顆手榴彈冒著煙從我們右側的樹林裡飛出來，落在靠近雷夫的腳邊，反應不急的雷夫只能護住頭部，轉身背對手榴彈。

「碰！」一聲手榴彈爆炸濺起了周圍的塵土。

爆炸過去，面對這突如其來的襲擊，讓我們的大腦陷入混亂，我依稀看到一個黑色的瘦小身影，笑著往樹林裡面跑掉。見雷夫還站在那邊看起來沒什麼事，我倆也顧不上那麼多，轉頭就向停車的方向奔去，只想著必須趕快離開這個鬼地方。才往前跑沒幾步，緊接著第二顆、第三顆手榴彈依序襲來，炸在我們的身後，幸虧我們跑得快，才能遠離這兩顆手榴彈的爆炸傷害範圍。

一路跑到停車的地方，雷夫把他的車鑰匙交給我讓我開車，還沒等我問他怎麼了，只見他脫下外套，裡面的那件白色衣服早已被血染得一片鮮紅。我二話不說，跳上車發動引擎，向村莊有人的地方開去尋求救援。車身的震動震得雷夫發出哀號，我只能繃緊神經努力避開泥土路上的坑洞障礙。

約莫行駛五分鐘，總算看到幾個正在路邊除草的村民，趕緊下車尋求他們的幫助。在語言不通的情況下，靠一陣比手畫腳跟手機翻譯才讓村民理解狀況並幫我們呼叫救護車。

確認救護車在前來的路上後，我回頭查看雷夫的傷勢，見他背上被手榴彈破片擊穿五個小洞，血液正緩緩不停流出，手臂上也有兩個傷口。雷夫痛苦地扶著車身喘氣，表示呼吸感到有些困難，我一看不妙，判斷應該是傷到肺部引起的開放性氣胸。幸好身為醫護兵的雷夫車上放有急救包，我想也不想就把裡面的胸封貼片全部貼上傷口，不夠的部分就用膠帶急造幾個胸封補上，再把手臂上的傷口包紮起來。經過這一番緊急處置，應該能夠撐到醫院。

救護車比我預想的還快到達，就在我處置完傷勢沒多久，救護車就到達現場。醫護人員確認雷夫的軍人身分後，便將他載往哈爾科夫軍醫院，我則開著雷夫的車緊隨在後，狂按喇叭跟著救護車一路狂飆超速、蛇行、闖紅燈。等接近醫院稍微放寬心下來，這時我才覺得脖子和大腿正隱隱作痛，手往脖子一摸竟沾滿鮮血。透過車上後照鏡才發現原來我脖子也受傷正流著血，褲子的大腿處也有鮮血滲出，本以為毫髮無傷的我，在那三顆手榴彈的襲擊下原來也受到創傷。

來到醫院經過一陣詳細的檢查和治療，雷夫性命暫時沒有大礙，但是體內有破片必須住院進行手術取出，而我脖子跟腿部的兩處傷口都只是輕傷，只需簡單消毒和包紮即可，但日後也在我身上留下了三個小傷疤。

這究竟是怎麼一回事？

4月11日 暗藏殺意的致命陷阱

危機解除後，坐在醫院的長椅上，我開始整理思緒，重新審視這件匪夷所思的偷襲事件。

首先我想到會不會是附近的頑童撿到手榴彈，然後不知輕重開啟了惡劣的玩笑。在戰亂地區撿到軍隊遺留的手榴彈也不是什麼意外的事，尤其在逃跑時瞥到的是如同孩童般瘦小的身影。

我還在疑惑的時候，接頭人卡洛斯傳來訊息說：「你們沒有遵守約定、嚴重遲到，」我頓時馬上起疑。

三顆手榴彈爆炸的聲音這麼大，且爆炸出現在安全的城市郊區更是異常。身為一群職業軍人，不可能在不遠處聽到這樣的爆炸聲還毫無反應和作為，更何況前往約定地點的房屋更是只有一條唯一的小徑能夠到達。種種的跡象都指明這是一起精心安排的襲擊行動，最大的嫌疑犯就是自稱GUR的那群人。

我發訊息向卡洛斯質問究竟是怎麼回事？

卡洛斯竟然回覆我道：「這只是見面前的小小測驗，向你們丟出的只是三顆玩具手榴彈，你們就被嚇得落荒而逃。那個情況要是我們真開槍的話你們早就都死了，不信的話你們可以回去查看有沒有手榴彈破片。」

看到這樣的回覆我整個火氣都上來，雷夫都差點死於非命，還敢跟我大言不慚的說只是「玩具」和「測驗」，這是什麼狗屁特種部隊！我憤怒地立即打了好幾通電話過去要問個清楚，但對方都沒有接聽，傳過去的訊息也都已讀不回。

正當我還盤算著怎麼帶人上門討一個公道，甚至不排除動用武力的可能性，恰巧一通陌生的電話打了過來，我還想著是不是那群渾蛋終於敢主動聯絡我，誰知一開口的卻是一名哈爾科夫的警官。

警方是透過報案系統得知這件不尋常的攻擊事件，那名警官便致電我詢問整個事情的始末，在確認那名警官的身分後，我便將整個過程和地點詳細向他敘述。確認完後，他便安排兩名警察到醫院接我，準備載我到攻擊現場去還原當時情況。

在警車上我還提醒兩名警察，對方可能擁有武器，在不知是不是敵人的前提下要他們小心一點。他毫不在意地指了指後座我身旁的ＡＫ步槍，表示不用擔心。對警察的戰力感到不甚信任的我，心裡想著要是碰上危急時刻，我索性自己持槍反擊。

一到現場就發現我的擔憂是多餘的，路口已經拉起黃色封鎖線，路邊停滿十幾輛各式車輛，二、三十個身著不同制服的人正忙進忙出。除了荷槍實彈的黑衣警察，還有軍隊的防爆小組正拿著探測儀來回搜索、鑑識小組拍照蒐證，還有穿著便衣的刑警穿梭其中……

看來這件事引起不小的騷動，還驚動到當地高層。

一名像是地方官員的女性上來就緊張地問我許多問題，約定見面的安全屋也早已人去樓空，再加上「卡洛斯」的不回覆，讓整起案件陷入疑雲之中。

之後我就被帶到當地的刑事警察局作更詳細的詰問和筆錄，經過初步調查，可以確認所謂來自GUR的邀情完全就是一個幌子。

實際上，當局並沒有向我做出這樣的邀請，大家開始懷疑這是一起俄方的特工或間諜所執行的恐怖襲擊。在大城市裡潛伏著這樣的恐怖份子無疑會造成巨大的維安漏洞，同時還要查出我的資料究竟是如何從軍隊流出去，讓整個案情頓時上升成國安級別的重大事件。

於是，漫長的偵訊過程就此開啟。

整個事件我反反覆覆來回敘述不下數十次，期間還有數名身分不明、看似權力很大的人士，進入辦公室支開警察，用著趾高氣昂的態度又要我反覆敘述事件過程，還要求把當時被襲擊的情況畫圖下來。訊問完後什麼話也不說就轉頭離去，隨後又換回警方繼續以車輪戰的方式，展開永無止盡的盤問。他們繳收我的手機，對著裡面照片、對話訊息、通聯記錄等一一檢視。

霎時讓我覺得自己好像變成企圖殺害隊友的犯人，整起事件其實是我自導自演的陰謀。一直持續到半夜，在完成最後的正式筆錄，將我的護照、證件、手機都沒收並備份裡面的所有資料後，今日的流程才算整個結束。經歷一整天的風波，只想返回旅館好好休息睡上一覺的我，被告知必須暫時留在警局裡不能離開。

4月12日 真相大白

在局裡的椅子睡上一晚，隔天早上我又被帶回辦公室。負責偵辦的刑警組長一上來就問我在烏克蘭有沒有與人發生過糾紛，面對這個摸不著頭緒的問題，我努力回憶起自己在烏克蘭究竟有沒有與人起過衝突。戰友間雖有指揮管理上的意見不合，朝夕相處間也難免會有些摩擦口角，但至少大家相處還算融洽，沒有什麼糾紛嚴重到足以到要置人死命。

看我感到一臉疑惑，組長又拿出一張護照影本給我看，問我認不認識此人。

一本綠色繁體中文的中華民國護照映入眼簾，看到上面持有人的名字，我頓時恍然大悟！這一切的疑點和線索全部都被串連起來。

此人正是這場事件的幕後兇手！

——

潘立偉原本是國軍志願役軍人，曾跟我服役於同一個單位。雖說他入伍的時候我已經退伍，彼此也都互不相識，但嚴格上來說也算是我在軍中的學弟。不過他服役不到一年，就厭倦軍中生活而選擇退出國軍。

之後，潘立偉透過這一層關係聯絡上已經在法國服役的我，詢問如何加入法國外籍兵團的細節和建議。

不久，他也如願順利入選外籍兵團，想到在法外又多添加一名台灣人成員，本該是一件欣喜的事，可惜隨著時間流逝一切都開始變調。

在進入外籍兵團後，潘立偉從原本剛開始謙虛誠懇的態度，變得越加狂妄自大，開始不斷在網路上吹噓自己在兵團的各種光榮事蹟、表現有多優秀之類。

其他「法外」的台灣人都將這些看在眼裡，不過我們什麼都沒有表示，畢竟能夠加入法外並且能在這樣的環境熬下去，都是值得肯定，為自己取得的成就驕傲自滿也沒什麼。愛慕虛榮、吹捧自我、尋求他人認同乃人之常情，這樣的人在法外也是多如牛毛，早就見怪不怪。即使如此，有些前輩、長官，甚至包括我都曾勸他稍微收斂一點，不要吹過頭把牛皮吹破，到時候受害反噬的終究是自己。

但是潘立偉對於我們好言相勸非但不聽，反倒變本加厲繼續吹噓、包裝自我，還在網路上汙衊、踐踏他人的聲譽。在他的眼裡，現在我們都成了只會倚老賣老的學長和前輩，靠著年資和階級來壓人而已。

我們這些所謂的學長和前輩都成為他口中的「雜魚」，仗著自己單位在法國海外屬地駐紮，在本土服役的我們一時沒人能奈他何，越發肆無忌憚起來。為了導正視聽，我們也在網路上與他進行各種交鋒。

這個情形持續半年多之久，直到潘立偉在服役的第二年後，自己選擇以逃兵的方式離開法國外籍兵團，從此在網路上銷聲匿跡。

各人都以為這場糾紛將就此告一段落。

——

二〇二二年，俄烏戰爭開打。五月，潘立偉加入烏克蘭國際兵團第一營，旋即繼續在網路上活動和發文，並分享各種他在烏克蘭「前線」的文章和影音，想當然爾又是各種吹噓和裝模作樣。甚至宣稱自己向部隊捐贈價值兩百萬新台幣的物資，結果實際上是在台灣跟人要物資、裝備，再裝作自己個人的名義捐給烏軍。期間還跟同隊的中國人起衝突，潘立偉製作了簡易的手榴彈陷阱，企圖炸死他的指揮官和隊友，並計畫栽贓嫁禍給那名中國人。

幸虧這個奸計並未得逞，在造成傷害前就提前被識破。雖無造成任何人員傷亡，國際兵團也不想把這件醜聞鬧大，只是選擇開除他的軍籍。起初我也不相信他會做出這樣的事，感覺這樣的行為過於誇張，毫無可信度可言，或許是某些勢力介入想要惡意抹黑。

當這件事在網路上被當事人朋友爆料出來的時候，我還幫潘立偉說過話，直到九月我來到烏克蘭加入一營之後，偶遇到他以前的隊友才了解整個事情的始末和真相。

潘先生被踢出兵團之後，不但沒有離開烏克蘭，還不斷在境內瞎晃，最後在烏克蘭西部偶遇到同樣來自台灣的曾聖光。

由於我跟曾聖光相識，所以很早就從我這聽聞過潘立偉的「光榮」事蹟。在烏克蘭西部大城市偶遇潘立偉，正義的曾聖光看不過去，覺得他明明被兵團開除，卻依舊在網路上裝模作樣說自己在「前線」作戰，於是就把他在後方無所事事的身影給拍下來，並上傳到網路直接公開戳破他不實的謊言。

看到自己的謊言被公然揭穿，氣急敗壞的潘立偉當晚就帶著幾名外國「友人」到曾聖光下榻的旅館找麻煩，企圖汙衊曾聖光是中國的間諜，還先行動手與曾聖光爆發衝突。結果體格瘦小的他，反被曾聖光一拳給打斷鼻樑，潘立偉只能夾著尾巴逃跑，留下滿頭問號的外國友人，最後由曾聖光跟他們解釋緣由。

經此打擊，潘立偉再度從網路上消失，直到十一月傳出曾聖光不幸在前線陣亡犧牲的消息，潘立偉才又重新現身，仗著死人沒辦法說話，發文消費曾聖光的死，還不忘以烏克蘭志願軍「前輩」的身份評論並毀謗曾聖光一番。

瞞著親朋好友祕密來到烏克蘭的我，本來不想在網路上讓人知道我在國際志願軍，但最終看不下去，直接在網路上亮出我在烏克蘭國際兵團的證明，直接狠狠打臉潘立偉。眼看事跡敗露、無可辯駁的潘立偉就真的從此在網路徹底銷聲匿跡。

本想說經過這次教訓後，已經聲名狼藉的他應該不會、也沒辦法繼續在網路造謠和說謊，或許他就會摸摸鼻子認命回到台灣，從此不再出現在大眾的視野。

豈料他仍舊不安分，消失幾個月後，幾經輾轉加入國際兵團第三營（烏克蘭國際兵團有些單位雖然同隸屬於官方之下，但實際上內部的人事運作毫不相關和連繫），為了對我報復，才精心策畫出這場喪心病狂的謀殺計畫。

他可能接觸過那些曾跟我一起服役過後退出一營的人，詢問到我所屬的單位和手機號碼，並找來同為三營的法國人「卡洛斯」幫助，用正統的法語發語音訊息以博取我的信任。實際上絕大部分的文字對話都是由潘立偉在幕後操作，由於同在法外服役過，熟知法軍體系的軍事術語，再加上非常了解我在法國的經歷，成功使我欣然相信一切，並陷入精心策畫的滅口陷阱。

最終我又靠著「運氣」，逃過這一場死劫。

要是沒有雷夫跟著我前往或是我倆都不幸遇難，曝屍於森林裡的我們應該很久之後才會被人發現。尤其在戰爭中死人更是司空見慣的事，潘立偉可能就此逃之夭夭，這場兇殺案可能就只有他一人才知道了！

天網恢恢疏而不漏，警方很快透過電話定位和監視器找到潘立偉在哈爾科夫的住處，並鎖定他嫌疑人的身分立刻將他逮捕歸案。上午才剛確認到他的身分位置，下午就被警方上銬押進警局，我也總算見到這個與我恩怨糾纏許久，卻不曾在現實中見過面的仇人！

與他同行的還有兩名幫助他的疑似「共犯」隊友，並在他們的住處抄出大量私藏的軍火、武器和彈藥。這件事還驚動國際兵團的指揮官前來關切，據說三營的營長也因此被拔官。

想來真是諷刺，我在戰場上不曾被俄軍的槍砲傷害過，卻在安全的後方被同為台灣人的同胞，因為一點網路上的虛名企圖謀殺而負傷，還連累到我的戰友！

5月8日 結局

當然事情並沒有這樣就結束。

雖然我總算可以離開警局，但接下來的一個月，身為重要當事人的我，手機跟護照都被警方保管著，在蒐證結束前都無法隨意離開哈爾科夫。我面臨的是無數次進出警局、國安局的調查（可能不排除我跟潘是共犯）、醫院的驗傷、法院的聽證會等等司法程序，弄得我心力交瘁。

本來要先走的凱，也留下來陪我等待流程全部結束。

這段時間除了配合警方之外，無所事事的我們都賴在旅館，大吃大喝、看著電影，過著有些頹喪的生活，偶爾去醫院探望一下雷夫跟他報告事情的始末跟進度，看著他走到哪都拎著一個用來抽出肺部積血的罐子，心中真的很過意不去。

雷夫安慰我道：「至少當下你拯救了我的性命，我們都平安活了下來，而那個謀害我們的混蛋很快就會遭到審判！」

在跑完法院完成最後的聽證會後，檢察官告訴我潘立偉將被烏克蘭法院以刑事起訴，他至少會被判十至十五年的有期徒刑。不過等法院開庭至少還要等上幾個月，現在需要取證的部分已經全部結束，日後我可選擇不出席審判，只需等待判決結果即可。

回到警局辦完手續重獲自由，經過這一個月的折騰我也已經累了，我想該是時候回家了。我必須活著見證潘立偉最終的下場，確保他能在烏克蘭接受法律的制裁。

跟凱一起和一排的老戰友，包括剛出院回歸的麥斯、艾瑞克、雷夫等人一起共進了餞別的晚餐，互相珍重道別後，我們便拎著行囊搭上橫跨烏克蘭的長途火車，踏上漫長的歸鄉之路。

5月16日　告別烏克蘭

來到烏克蘭西部的大城市利沃夫，大街上熱鬧非凡，與位處前線的哈爾科夫相比，完全是不同的光景，到處都人滿為患，觀光景點還能看到外國觀光客。東部遙遠的戰火似乎不曾波及到這個城市，只有不定時響起的防空警報才會提醒我們正身處在戰爭中的國家。

這或許就是我們投入這場戰爭的意義和回報，守護著來之不易的脆弱和平，保衛這個國家的人民免受外來強權的侵略，只是使命尚未結束，我們卻即將要離開這個美麗的國家。

走在路上，幾個看似志工的外國人跟烏克蘭人看出我們志願軍的身分，熱情上來要跟我們拍照合影，嘴上止不住的感謝，並親切的稱呼我們為「英雄」，我只能在內心苦笑著。

「真正的英雄不是已經逝去，就是還在前線持續奮戰著。」

拿著前國際兵團的文件，順利通過烏克蘭—波蘭邊關，縱使裝備裡不小心「夾帶」了兩發子彈，邊防士兵也不為難，只是笑笑地收走並讓我們離去。臨走前士兵對我們喊著那句在烏克蘭耳熟能詳的對句：「榮耀歸於烏克蘭」（Slava Ukraini）。

我們回道：「英雄歸於榮耀」（Heroiam Slava）。

坐著前往波蘭首都華沙的巴士，通往邊境的卡車依然大排長龍，連綿數十公里，似乎什麼都沒有改變。

飛機落地，站在台灣繁華的街頭，已經分不清哪邊才是現實。就像是做了一場夢，一個長達八個月的夢。

後記

回到台灣，經過一段時間的復健，**凱**受傷的腳也恢復到能夠正常運動、行走的能力，並回歸日常生活，但也不排除日後再重返烏克蘭參戰。

潘立偉至今仍在烏克蘭看守所羈押，法院已經在二〇二三年十二月開始審理，直到成書之日也尚未結束審判，預估將會是一場漫長的司法流程。

之前任務中受傷的**卡利**返回芬蘭休養，緊接著在我離開烏克蘭後重新歸隊B連，奧地利人**雷夫**則在傷癒之後與卡利兩人以醫護兵的身份繼續活躍於前線。

美國人**艾瑞克**與巴西人**麥斯**分別在數個月後在任務中不幸相繼陣亡，羅馬尼亞人**羅密歐**、捷克籍排長**朗德**等人離開了烏克蘭。

身為烏克蘭人的**安納托利**，則繼續為保衛家鄉持續奮戰到底……。

羅利

蒂莫西

羅利，本名 Rory Mason，來自愛爾蘭的米斯郡鄧博因鎮（Dunboyne）。二〇二二年三月報名加入剛成立的烏克蘭國際兵團，並與凱在訓練營結識，成為他的班長。羅利於二〇二二年九月二十七日的彼得羅巴甫洛夫卡戰役，因勸降被圍困的俄軍時，不幸被流彈擊中身亡，得年二十三歲。

蒂莫西，本名Timothy Donald Griffin，一九八二年八月三十一日出生於美國紐約州羅徹斯特市，曾經服役於美國海軍陸戰隊。二〇二二年俄烏戰爭開始不久後來到烏克蘭加入國際兵團，後成為B連一排（Bravo 1）排長。二〇二二年十一月五日，於盧甘斯克地區的諾沃塞利夫斯克戰役中遭到砲擊身亡，享年四十歲。

麥斯

麥斯，本名Maxuel Gomes Ribeiro，一九九一年四月二十八日出生於巴西的聖保羅市。曾在巴西聖保羅州憲兵隊服役十年，同時也是一名巴西柔術運動員。二〇二二年三月九日成為前幾名加入烏克蘭國際兵團的外國人，一度是國際兵團服役連續時間最長的成員。二〇二四年二月二十一日於任務中殉職，享年三十二歲。

艾瑞克

曾聖光

艾瑞克，本名Eric Thomas Chong Vargas，一九八八年五月九日出生於美國馬里蘭州。美國海軍陸戰隊士官退伍，參與過伊拉克戰爭，於二〇二二年春天來到烏克蘭加入國際兵團，大部份時間都在擔任B連一排的副排長和班長。二〇二三年十一月十五日，於阿夫迪伊夫卡地區（Avdiyivka）救援傷兵時，遭到俄軍導引式飛彈的伏擊，與另外兩名士兵當場陣亡，享年三十五歲。

曾聖光，本名**新將・席外**（族語：Singcyang Diway），一九九七年九月十二日出生於臺灣花蓮縣吉安鄉，撒奇萊雅族人。中華民國陸軍下士退伍，二〇二二年六月前往烏克蘭報名國際兵團，服役於第四十九獨立步槍「喀爾巴阡西奇」營。二〇二二年十一月二日，在烏東頓涅茨克州利曼方向遭俄軍坦克砲擊而重傷不治，得年二十五歲。

這場戰爭總有一天都會結束，不論結果如何，在這個大時代裡我們都不過是群默默無名的小人物。不管是這場戰爭還是參與這場戰爭的眾多將士，隨著時間的流逝，都將逐漸淡出人們的記憶，最終埋沒在歷史的長河，留下的只是一串串的統計數字，和史書上一段段的文字。

「死亡並不可怕，可怕的是被世人遺忘。」

我只能用文字去銘記和緬懷故事中那些曾為了同樣的理想而一同作戰的英雄們，讓更多的人知道在這個世界上還有這麼樣的一群人，讓他們以這種方式繼續活在人們心中。

紀念「那一群為了追求心中的正義而願意犧牲奉獻的人。」

二〇二四年五月十二日・台北

更多烏克蘭國際志願者犧牲名單可見網站：

MEMORIAL IVU（International Volunteers for Ukraine）

犧牲者名單

BRAVO
ONCE MORE UNTO THE BREACH

我不做英雄
一個台灣人在烏克蘭的戰爭洗禮

作者：陳晞
責任編輯：宋玉寧
主編：區肇威（查理）
封面設計：倪旻鋒

出版：燎原出版／遠足文化事業股份有限公司
發行：遠足文化事業股份有限公司（讀書共和國出版集團）
地址：新北市新店區民權路 108-2 號 9 樓
電話：02-22181417
信箱：sparkspub@gmail.com

法律顧問：華洋法律事務所／蘇文生律師
印刷：博客斯彩藝有限公司

出版：2024 年 6 月／初版一刷
2024 年 7 月／初版四刷
電子書 2024 年 6 月／初版
定價：480 元

ISBN 978-626-98028-9-0（平裝）
9786269865116（EPUB）
9786269865109（PDF）

讀者服務

版權所有，翻印必究
特別聲明：有關本書中的言論內容，不代表本公司 / 出版集團之立場與意見，文責由作者自行承擔
本書如有缺頁、破損、裝訂錯誤，請寄回更換
歡迎團體訂購，另有優惠，請洽業務部（02）2218-1417 分機 1124

國家圖書館出版品預行編目 (CIP) 資料

我不做英雄：一個台灣人在烏克蘭的戰爭洗禮 / 陳晞著 . -- 初版 .
-- 新北市：遠足文化事業股份有限公司燎原出版：遠足文化事業股份有限公司發行 , 2024.06
288 面 ; 14.8×21 公分
ISBN 978-626-98028-9-0(平裝)

1. 俄烏戰爭　2. 通俗作品

542.2　113006465